施醫師雅賞

故鄉情 藝游夢

高素娟書畫展

高素娟

高素娟敬贈

2023.02.15

序文

高素娟畫家從小就努力作畫，就讀北港鎮僑美國小期間，有幸當她的美術指導老師，經常帶她參加縣市寫生比賽，曾獲得中部五縣市、南部八縣市第一名、第二名，受各校師生刮目。

高素娟畫家不但繪畫優異，學業成績亦甚優越，國中畢業後，考上台北第一女中、台北工專、嘉義師專，後來選擇進入嘉義師專就讀，師專畢業後分發到台北縣永和市秀朗國小任教，同年也考進國立台灣師範大學教育系進修，在秀朗國小服務30年退休。

高素娟畫家從小到現在努力不懈的繪畫創作，風格獨具，是位本省相當突出的畫家。

雲林縣美術協會創會理事長

潘茂昌

綠水青山樂悠遊

水彩

作者：潘茂昌

尺寸：54.5×38.5 cm

說明：2021年2月15日回到故鄉北港，向最敬愛的潘茂昌老師拜年，潘老師將剛完成的最新畫作送給我，令我感動不已！

二〇二一、
除夕

序文

今年2月27日，台北市社團法人南菁書法學會在天成飯店舉辦年度大會及新春聯誼，常務理事高素娟在會中宣布她即將於今年6月在故鄉雲林舉辦「故鄉情· 藝游夢· 感恩心」高素娟書畫展，這真是令大家振奮的喜訊。全體會員深感與有榮焉！會後她誠懇地希望我為她的專輯寫序文，身為她的書法老師，我當即欣然應允！

回顧她自秀朗國小教師退休之後，103年9月報名我在永和市民成長班的書法課，她認真研習，不僅從不缺課，甚至連寒暑假都來我家加強，而後她又報名了梁林蓮老師的花鳥課，白宗仁老師的山水課。由於自幼即對書畫有濃厚的興趣，且天資聰慧，加上勤奮鑽研，所以短短幾年之內，不僅篆隸楷行草各體書法皆能自運，花鳥畫梅蘭竹菊、牡丹等描繪得栩栩如生，山水畫亦雄奇渾厚！

這些年在我的帶領之下，她跟著南菁書會到國父紀念館寫春聯，到總統府廣場參加新春揮毫（戊戌、己亥年獲入選獎，辛丑年獲銅牌獎）。此外，又多次參加國內聯展及兩岸交流展。於是水到渠成，而有108年7月在永和戶政空間藝廊的「芳華初綻」書畫個展，乃至於今年6月12日到6月30日在雲林縣政府北港文化中心的「故鄉情· 藝游夢· 感恩心」高素娟書畫展。

恭喜她能一圓「游於藝」之夢，期許她日新又新，更上層樓，在不久的將來，能為大家帶來更豐碩的藝術之饗宴！

南菁書會 理事長

李育萱

110年3月20日

我所認識的高素娟老師

素娟老師為人善良，待人處事和藹可親，雖然個兒嬌小，能力卻無比強大。

素娟從事教育工作30年，誨人不倦，桃李滿門。退休後，踏入藝術領域，短短幾年，無論書法、國畫，樣樣表現優異。

做公益更是不落人後，每年過年，現場寫春聯送民眾從不缺席。繪畫方面，畫路廣闊，山水、花卉、翎毛樣樣得心應手，筆力益進，氣韻天成，先後參與多次聯展，甚獲好評，作品參加比賽也屢屢獲得獎項。

並於108年7月1日受永和戶政之邀，在戶政空間藝廊舉辦「2019年高素娟芳華初現個展」，展期半年，深受畫壇前輩及地方人士之嘉許，好評如潮。

素娟自幼受生長環境之影響，他的寫景作品，有濃濃的故鄉情懷，寫畫出鄉里人文故事。此次在其故鄉一雲林縣政府北港文化中心舉辦「故鄉情・藝游夢・感恩心」書畫個展，必能給地方上帶來一場不同凡響的藝術饗宴。

此次展出作品將編輯成冊，素娟請我為她寫專輯序文，身為她的花鳥老師，我欣然答應，謹綴數言為序。

芊藝畫會會長

梁林蓮於三峽懷親居

（永和市民大學國畫班指導老師）110年4月2日

故鄉情・藝游夢 —
高素娟首次返鄉書畫個展

生活是繪畫創作的活水源頭，中國畫家歷來堅持師法自然。唐代張璪曾提出「外師造化，中得心源」也就是說藝術必須來自現實美，但這種現實美在成為藝術美之前，必須經過畫家主觀情思的鎔鑄與再造，將水墨畫的「物」與「我」有機統一，反映客觀認知，更表現畫家的主觀色彩與鮮明個性，亦是千古不變的創作原則。北宋范寬標舉出創作中畫家主觀精神的重要，所謂「前人之法未嘗不近取諸物，吾與其師於人，未若師諸物也；吾與其師於物者，未若師諸心。」蘇軾讚美文同畫竹，是「其身與竹化，無窮出清新」更指出畫家只有在物我交融中，才能使作品不斷創新。藝術創作必須經過長時間的積澱才能讓作品包含著深度與廣度，前輩們在這條崎嶇的路上日積月累的辛勤耕耘，始得以讓這世界處處散發著芬芳的人文素養。

素娟追尋著前輩作畫的精神與態度，亦步亦趨追尋著美的事物，從小生長在純樸的農家，身邊俯拾即是的自然風光影響著他日後的創作與畫風。自師範大學教育系畢業，在秀朗國小服務30年退休，退休後素娟仍無法忘情於小學時沉浸畫畫天地裡的單純快樂，於是展開了書畫學習之旅。2017年跟隨吾學習山水畫寫生，近四年來，素娟非常認真的學習，從基礎的山石皴擦點染到樹木山林的練習，到技法、佈局的嘗試，她的山水畫漸入佳境，學會了運用筆墨濃淡、乾溼、疏密、虛實……等技法，並多次參加國內及國際書畫比賽，作品名列前茅，頗得佳譽。

綜觀本次展出的作品計有：各體書法作品、四君子與花鳥、故鄉懷舊題材、四季變化與歌頌大地等四部分，作品約108件左右。尤其在故鄉懷舊題材如：鄉居逸趣、我的爸爸媽媽、溫暖的家、母親您真偉大、可愛的家等多幅畫作刻畫其老家北港鎮的文化風貌，流露其豐富的情感。此次為素娟首次返鄉書畫個展，展出她退休後從事書法、水墨創作的成果，以各體書法、花鳥、山水，寫生等創作題材，幻麗彩墨及奇趣之美為輔，作品形式多元，內容豐富。

個人有幸與素娟結翰墨緣數年，回顧過去，素娟先從欣賞水墨畫的筆墨意境初窺水墨世界，從臨摹入手，師造化進而創作，不改對水墨丹青的熱愛，數年來努力學習，迄今成績不俗，令人欣慰。個展在即，今將其多年學習之作，集印成冊，懇切求諸藝壇先進，不吝指正。值此畫冊付梓之際，謹記數言並致賀忱。

中國藝術研究院 美術學博士・亞東技術學院設計系教授

白宗仁

故鄉情・藝游夢・感恩心

熱鬧的大家庭，無憂無慮的童年

童年是多麼令人懷念啊！

我出生在雲林縣北港鎮劉厝里三代同堂的務農大家庭，爸爸是長子，下有五個弟弟，三個妹妹。我有6個兄弟姊妹，加上堂弟堂妹，一共有11個小孩子，家裡總是熱熱鬧鬧的。

小時候，院子是我們的玩樂天堂，跳格子、跳橡皮筋、跳繩、踢毽子、踢罐子、扮家家酒、爬樹、摘芭樂、摘龍眼、抓金龜子…..往田裡跑，釣青蛙、釣魚、採野草、在小溪摸田螺撈浮萍……嬉戲玩樂，在左鄰右舍間串門子是常有的事，大家親切的招呼，有說有笑，人情味十足，至今還鮮活的在腦海裡盤旋。

傍晚時分，奶奶煮好地瓜稀飯，在院子裡擺起桌子，我們這群小蘿蔔頭就著桌子，開心地吃著晚餐，金黃色的夕陽餘暉，映照在滿足的臉上，一幅溫馨美麗的圖畫呈現在眼前。

歡樂的小學生活，像色彩繽紛的藏寶圖

進入小學的前一年，看著姐姐開心的上學，我也興致勃勃的央求爸爸讓我去上學，於是寄讀僑美國小一年丙班開啟了上學之路。雖然是寄讀，我表現良好時，吳老師也會獎勵我，讓我更喜愛上學。

一年級的王淑暖老師，認真嚴格，立下了上課的規約和寫字的要求，對懵懂的學生而言是最好的基礎教育，也開啟了我對繪畫的興趣。一年級用粉蠟筆作畫，塗上繽紛的色彩，心中的圖像瞬間躍入紙底，在線條與顏色間，幻化出綺麗的畫面。

二年級時，我畫了一張農人收割稻子的景象，老師將我的畫送去參加世界兒童畫展，想不到獲得了入選獎，給我莫大的鼓勵。畫畫就像在玩遊戲，而我何其有幸，我的母校—僑美國小，創造了一個美妙的學習環境，潘茂昌老師一直默默在推展美術教育，從二年級開始，潘老師經常指導我們參加各種美術比賽、寫生比賽、故事畫比賽。

還記得國小三年級時，潘老師租了一部七人座的小巴士，帶著我們一早出發，前往彰化八卦山參加中部五縣市水彩寫生比賽，我提著一個簡陋的提袋，裡面裝了24色王樣水彩，調色盤，幾支水彩筆及空牛奶鐵罐當水袋，八卦山大佛周邊滿是揮舞彩筆的學生，熱鬧非凡，比賽結束後，老師帶我們去百果山玩，我們個個興奮不已，就像去郊遊一樣，雖然已經過了48年，記憶猶新……

學校每年都會舉辦寫生比賽，每個學生都要參加，每個年級的前三名和佳作學校都會發獎狀獎品鼓勵，由於學校注重美術教育，啟發了我們的興趣與潛能，當時，有許多同學、學長姐、學弟妹常一起到校外參加寫生比賽，那種期待、快樂的心情，激發了我們學習的動力，更滋潤了我們稚嫩的心田。

小學教導過我的老師，他們的諄諄教誨銘記在心。五年級開始上潘茂昌老師的美勞科任課，潘老師曾誇獎我「能很大膽的畫出想畫的東西」老師的話好似幫我裝上一對翅膀，使我能自由自在的翱翔在繪畫的天地裡。非常感謝潘茂昌老師的啟發與鼓勵，一點一滴的澆灌水分與養分，使我們成長茁壯，在玩畫畫的學習中豐富了學校的生活。

五、六年級的級任顏昭武老師，教學認真，熱愛文學，勤於筆耕，指導我們閱讀與寫作不遺餘力，在潛移默化中，我也愛上閱讀與寫作，真是受益匪淺。當時，國語日報有好學生專欄，有一天，老師拿著國語日報來給我們看，真不敢相信自己的眼睛，我居然成了老師筆下好學生專欄的主角！翻開報紙，塵封已久的往事映入眼簾，油然而起的感動與感恩久久不能自己！

六年級時，學校推派我去參加國際青年商會中華民國總會舉辦的雲林縣十大模範兒童選拔，老師整理我的獎狀，加以分類並裝訂成三大冊，還費心製作目錄、封面，使我得以幸運地當選。表揚大會那天，十部小貨車在北港的大街小巷遊行，我的車上右邊站著級任顏昭武老師，左邊是我的爸爸高昭仁先生，我站在中間身上披著寫上我的名字的紅色綵帶，這份榮耀是父母、學校、老師賞賜給我的。

僑美國小是我永遠感謝、懷念的地方，母校的培育是最珍貴的無價之寶。

國中是一段奇遇恩典，沉浸在讀書的樂趣中

國小畢業後，進入學區的建國國中就讀。認識來自不同村莊的同學，大家的目標一致，希望考上理想的學校，老師們認真教學，不僅注重學業成績，也重視生活教育，同學們感情融洽，除了上美術課偶有接觸畫畫外，其餘時間大都與課本為伍，好像離畫畫越來越遠了。

國二、國三時，我經常將不懂的數學問題抄錄在筆記本，利用下課的時間請教數學老師，老師總是不厭其煩地為我講解，記得國三的李老師，每次上完數學課，都會停留在講台上，等著我和同學去發問，老師這麼用心的為我們著想，真是我們的福氣，記得李老師曾經對我說：「你以後可以去讀數學系。」讓我受寵若驚。國中是一段奇遇恩典，感動於師長的認真教導；難忘於同學的相親相愛。

甜蜜美妙，回味無窮的師專時期

國中畢業後，第一次離開家鄉，到外地求學。記得在烈日下，爸爸用機車載著

我和一牀圓滾滾的白棉被，向著嘉義師專奔馳的那一幕，象徵我即將邁入另一個嶄新的學習旅程。

感謝綠園的栽培，感謝陪著我朝夕相處，一起成長學習的梅羚姊妹，我們一同經歷各種奇妙的活動與體驗，五年的住校生活，大家情同姊妹，互相照顧，互相幫忙，真是甜蜜的日子，令人回味無窮！

忙碌、充實、快樂的教學生涯

嘉師語文組畢業後，我分發到台北縣永和市秀朗國小，這次北上，離可愛的家鄉又更遠了！同年我也考上了師範大學教育系，開始了白天教書，晚上上課的忙碌生活。

當年秀朗國小是全世界學生人數最多的學校，但學校大而不亂，臥虎藏龍，老師個個專業又認真，行政效率佳，是我教學相長的好地方。在秀朗國小任教30年（4年擔任低年級級任，26年擔任高年級級任）受同事們的指導和照顧，真是幸運又幸福！

每天去學校是我最開心的事，我喜歡班上的每個孩子，看著他們成長進步，真是一件快樂又有成就感的事；家長給予我最大的支持與肯定，讓我在教學上更添助力，在秀朗的日子，每天忙碌充實又快樂！

學校忙完回到家，另一個忙碌的生活又開始，感謝我的三個寶貝，從小體貼懂事，自動自發，陪伴他們成長的歲月，我好像再次經歷童年，喚起一些美好的回憶……就在學校與家庭時空轉換流轉之間，30年的教學生涯悄然流逝，那個在田野間跑跳的小女孩身影，已越來越模糊……

重享當學生的樂趣，優游於美好的事物

103年8月自教職退休，103年9月起在永和區公所市民成長班上課，重新當起學生，書法班的李育萱老師，國學底子深厚，教學認真，深入淺出，經常鼓勵我，給我很多的指導與建議，不斷提攜我，讓我能更上一層樓。

104年3月我又報名參加梁林蓮老師的寫意花鳥四君子班，梁老師熱情開朗，古道熱腸，對學生關愛有加，不厭其煩的一筆一畫從基礎教起。108年7月梁老師還幫我在永和戶政空間藝廊辦理書畫個展，讓我更成長茁壯，向前跨出一大步。

106年9月我參加了中正紀念堂美學成長班，向白宗仁教授學習山水畫，白老師汲取各家各派的精華，教授各家的技法與畫法，鉅細靡遺的示範與講解，不藏私的教導我們，鼓勵我們多參與比賽，為我們開啟美的視野與氣度。

感謝李育萱老師、梁林蓮老師、白宗仁老師，和成長班所有的同學，您們讓我再度擁抱美的世界與夢想，您們都是我生命中的貴人！

家鄉的點點滴滴，在在牽引著我的思念與盼望……

回首前塵往事，國中畢業離開家鄉到現在已經42年了，家鄉的一切早已深烙在記憶深處。勤奮熱誠、開朗豁達的爸爸，慈祥堅毅、刻苦耐勞的媽媽，給了我們最好的身教言教；兄弟姊妹間，和樂融洽，互相照顧、互相扶持，不分彼此的手足之情，與日俱增。我呼吸到家鄉的每一口空氣，都覺得幸福自在，家鄉的點點滴滴，在在牽引著我的思念與盼望！

能回到故鄉舉辦書畫個展，就像擁抱美妙的夢！感恩的心在內心迴盪，甜美的回憶在眼前浮現，我是多麼的幸福！

我要大聲地對我的故鄉說：「故鄉啊，我愛妳您！我永遠愛妳您，永遠感謝妳您！」

高素娟 寫于仁月軒

110年3月12日

Contents

序文 | Preface

圖版 | Member works

簡歷・得獎紀錄 | Experience

圖版 | Photo gallery

故鄉情藝游夢

圖版

Works

鄉居逸趣

尺寸：100×40 cm
水墨設色 宣紙

千巖競秀紫氣東來

尺寸：136×71 cm
水墨設色 宣紙

風引松動落澗飛

尺寸：100×40 cm

水墨設色 宣紙

行舟遠眺

尺寸：70×35.5 cm
水墨設色 宣紙

山迴尋幽
尺寸：69.5×36cm
水墨設色 宣紙

夢想起飛

尺寸：137×35 cm
水墨設色 宣紙

說明：2019年7月在土耳其卡帕洛奇亞搭乘熱氣球，徜徉在奇幻的美景與繽紛的天空中。

翠疊幽深雲山遙

尺寸：135×70cm
水墨設色 宣紙

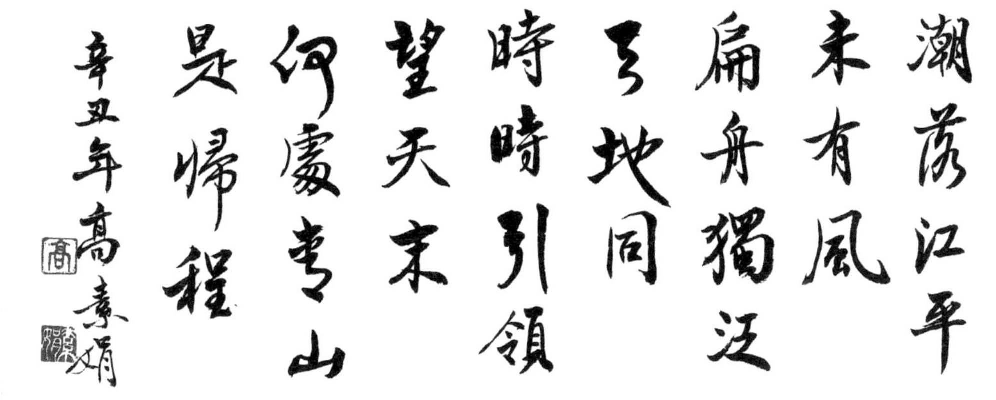
潮落江平
未有風
扁舟獨泛
天地同
時時引領
望天末
何處青山
是歸程
辛丑年高素娟

獨泛寒江
高素娟

獨泛寒江

尺寸：66×35.5 cm
水墨設色 宣紙

釋文：潮落江平未有風　扁舟獨泛天地同
　　　時時引領望天末　何處青山是歸程

秋亭清話

尺寸：69×36.6cm

水墨設色 宣紙

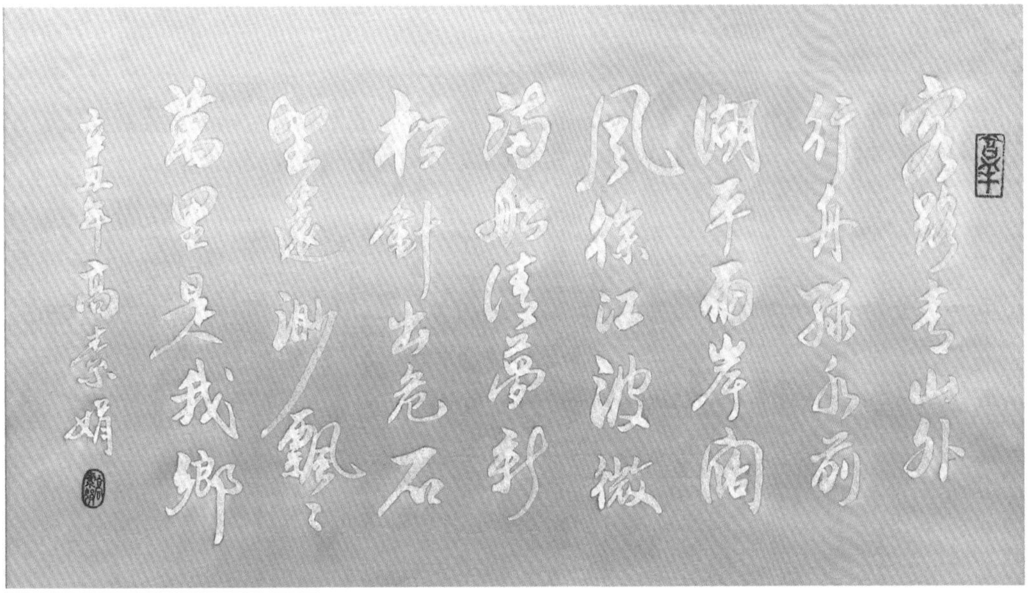

遠渡江山

尺寸：69×35cm
水墨設色 宣紙

釋文：客路青山外，行舟綠水前。潮平兩岸闊，風徐江波微。
滿船清夢新，松針出危石。望遠渺飄飄，萬里是我鄉。

秋水暮靄渺無邊

尺寸：99×30cm
水墨設色 宣紙

聽泉論道

尺寸：69.5×35.5cm
水墨設色 宣紙

春澗映日紅

尺寸：136×35cm
水墨設色 宣紙

中正紀念堂一角

尺寸：27×24cm
水墨設色 畫仙板

引水船英雄

尺寸：27×24cm
畫仙板

作品說明：2020年11月22日傍晚，引水船船員完成引引航後，
由星夢遊輪探索夢號垂繩而下，跳回引水船上，
目睹全程，有感而畫。

秋山黃葉逸情致

尺寸：69.5×36.5cm
水墨設色 宣紙

閒步落羽松

尺寸：27×24cm
水墨設色 畫仙板

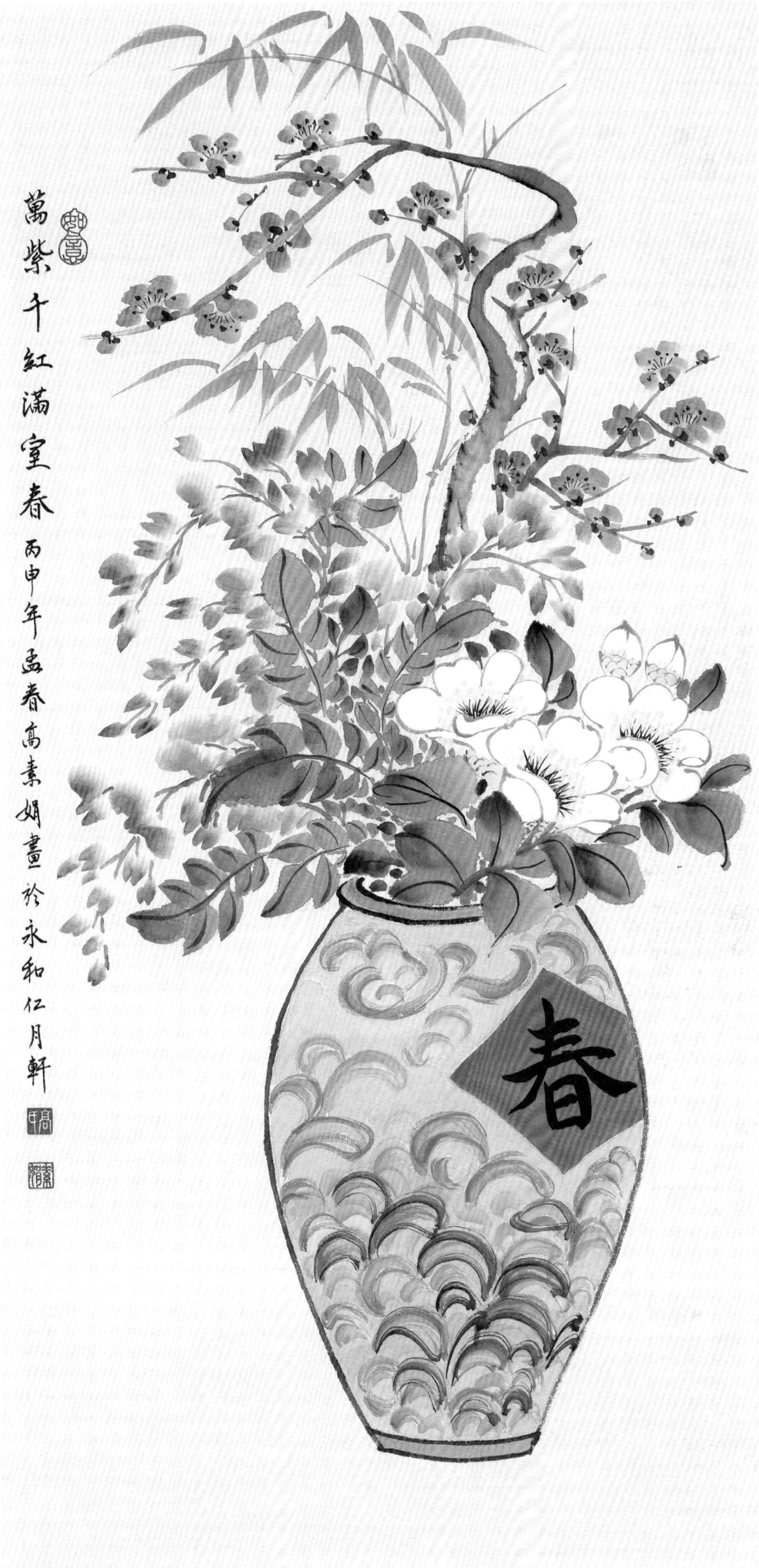
萬紫千紅滿室春
丙申年孟春高素娟畫於永和仁月軒
春

萬紫千紅滿室春

尺寸：91×46cm
水墨設色 宣紙

扇面迎喜

尺寸：124×70cm
水墨設色 宣紙

作品說明：桃花、蘭花，桑葚

寄言青竹姿

尺寸：100×40cm
水墨設色 宣紙

凌波獨吐芳

尺寸：100×40cm
水墨設色 宣紙

平安吉利全家福

尺寸：136×71cm
水墨設色 宣紙

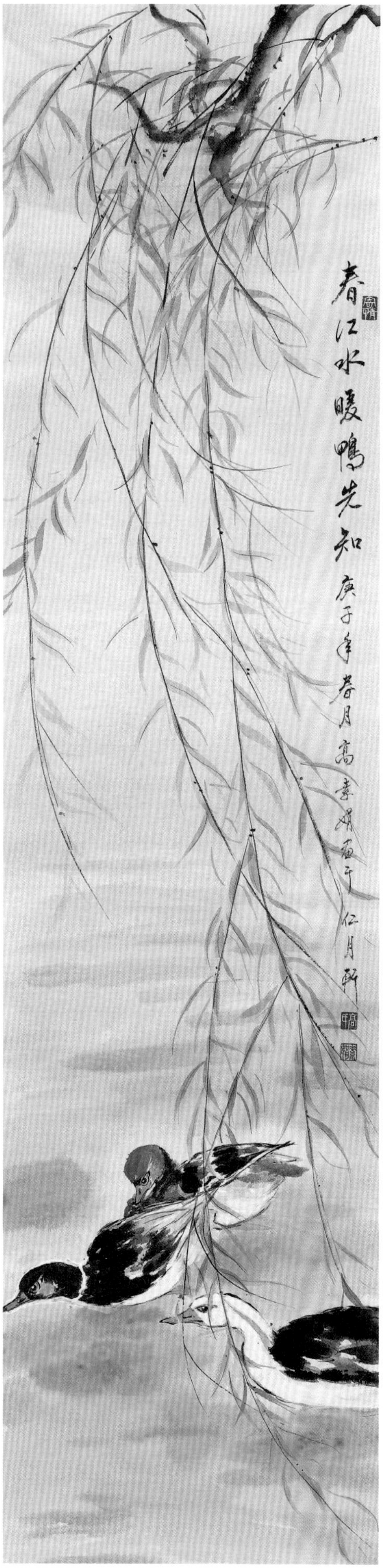

春江水暖鴨先知

尺寸：138×35.6cm
水墨設色 宣紙

香飄千里秋節好

尺寸：139×35.5cm
水墨設色 宣紙

遠上寒山石逕斜白雲深處
有人家停車坐愛楓林晚
霜葉紅於二月花 杜牧山行

庚子年秋月高孝娟
出畫于仁月軒

坐愛楓林晚

尺寸：135×35cm

水墨設色 宣紙

釋文：遠上寒山石逕斜，
　　　白雲深處有人家。
　　　停車坐愛楓林晚，
　　　霜葉紅於二月花。

紅葉蕭蕭金風露秋色搖曳舞魅麗獨上枝頭顧盼姿彩粧扮飾多繽紛好個聲音好羽毛
歲次丁酉年孟秋高素娟畫于永和仁月軒

紅葉蕭蕭金風露

尺寸：137.5×47cm
水墨設色 宣紙

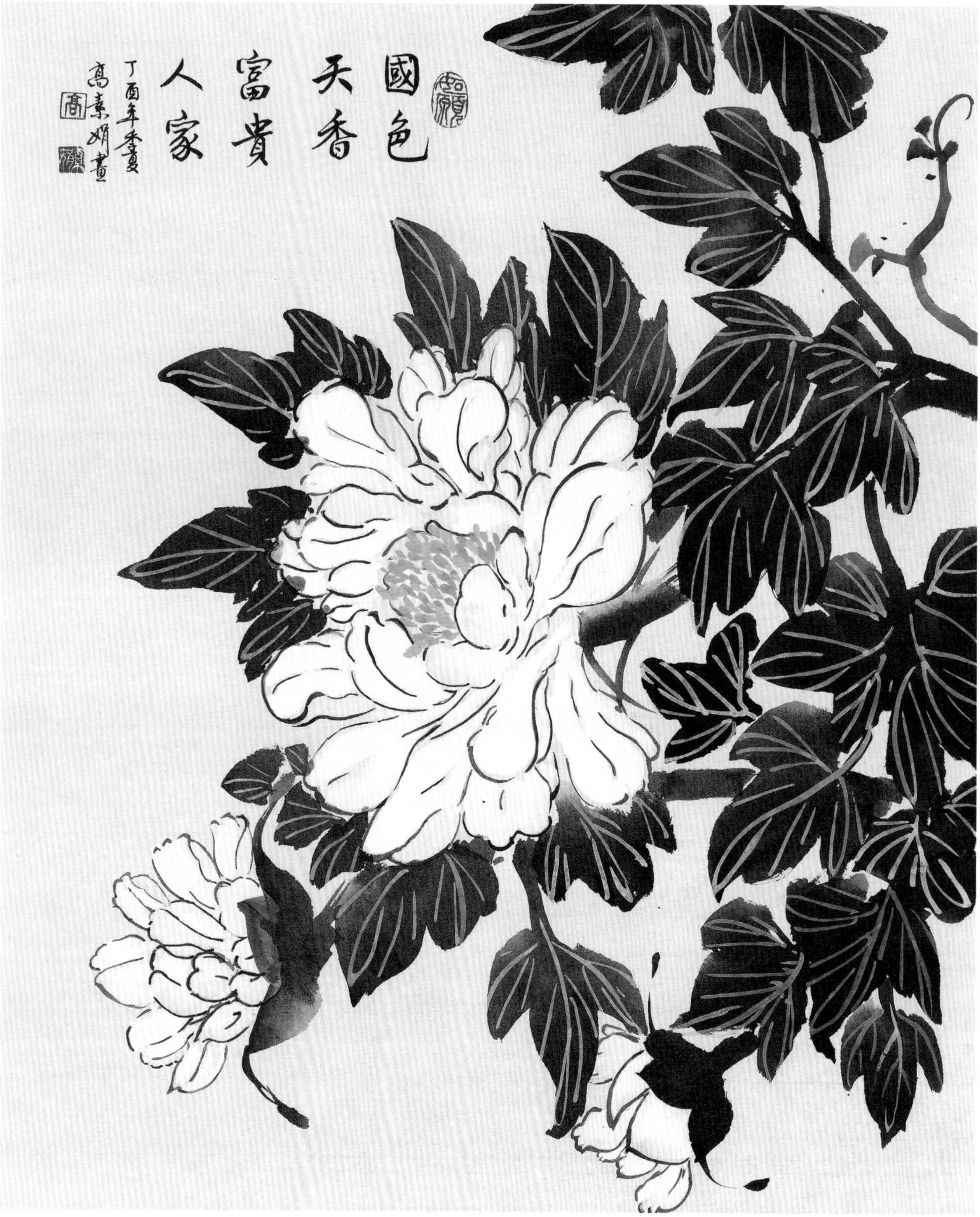

國色天香富貴人家

尺寸：54×45cm
水墨設色 宣紙

金有餘

尺寸：33×33cm
水墨設色 宣紙

雀鳴幸福曲
尺寸：68×35cm
水墨設色 宣紙

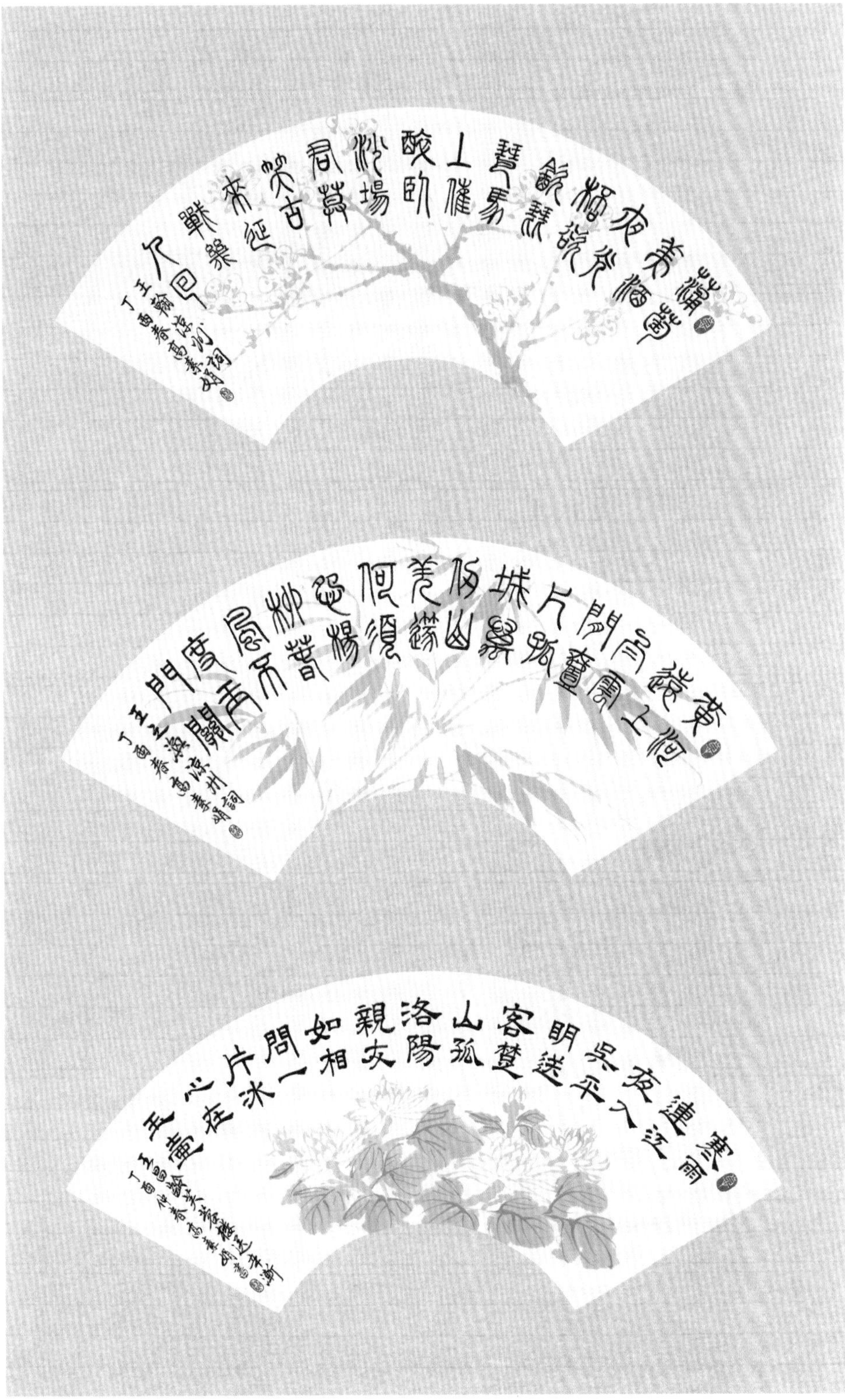

扇面三幅 小篆、隸書

尺寸：112×61cm
水墨設色 宣紙

釋文：

一、葡萄美酒夜光杯，欲飲琵琶馬上催。
　　醉臥沙場君莫笑，古來征戰幾人回。
二、黃河遠上白雲間，一片孤城萬山。
　　羌笛何須怨楊柳，春風不度玉關。
三、寒雨連江夜入吳，平明送客楚孤。
　　洛陽親友如相問，一片冰心在玉壺。

秋聲賦新詞

尺寸：27×24cm
水墨設色 畫仙板

多子多孫多福氣
一〇七年七月三十在西班牙阿爾罕布拉宮廣大的花海綠地林園中和歷史的足跡
裡看到紫色精靈般的仙子朵朵燦爛風中搖曳得知她的芳名多子蓮又叫百子蓮畫下她美麗的身影

多子多孫多福氣

尺寸：138×35.5cm
水墨設色 宣紙

說明：107年7月30日在西班牙阿爾罕布拉宮廣大的花海綠地林園中，和歷史的足跡裡，看到紫色精靈般的仙子，朵朵燦爛，風中搖曳，得知她的芳名叫多子蓮，又叫百子蓮，畫下她美麗的身影。

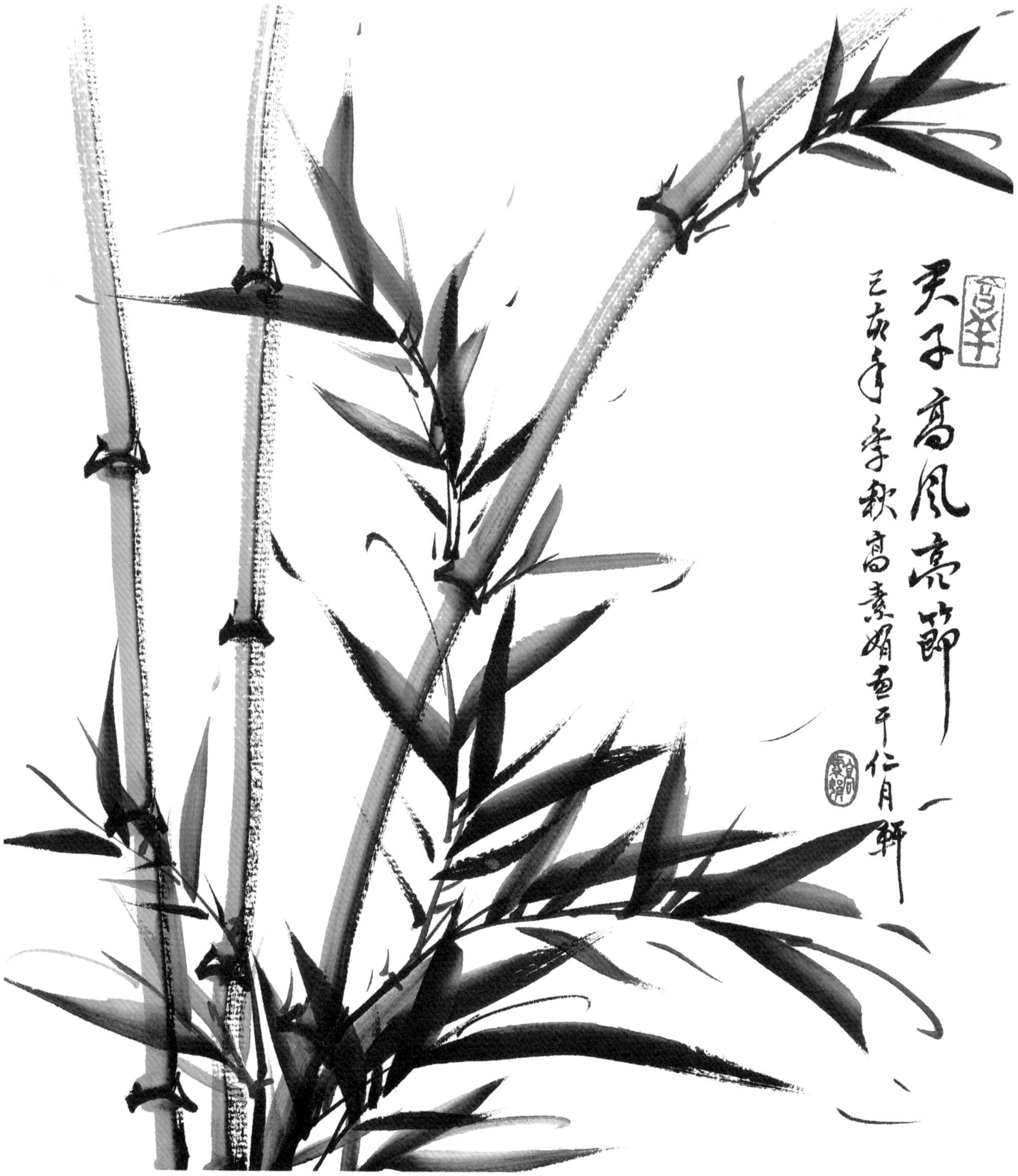

君子高風亮節

尺寸：27×24cm
水墨設色 畫仙板

輕筠滴露

尺寸：27×24cm
水墨設色 畫仙板

清風日日報平安

尺寸：27×24cm
水墨設色 畫仙板

春暖花開

尺寸：69.5×37cm
水墨設色 宣紙

紫氣浪漫春喜濃

尺寸：70×38cm
水墨設色 宣紙

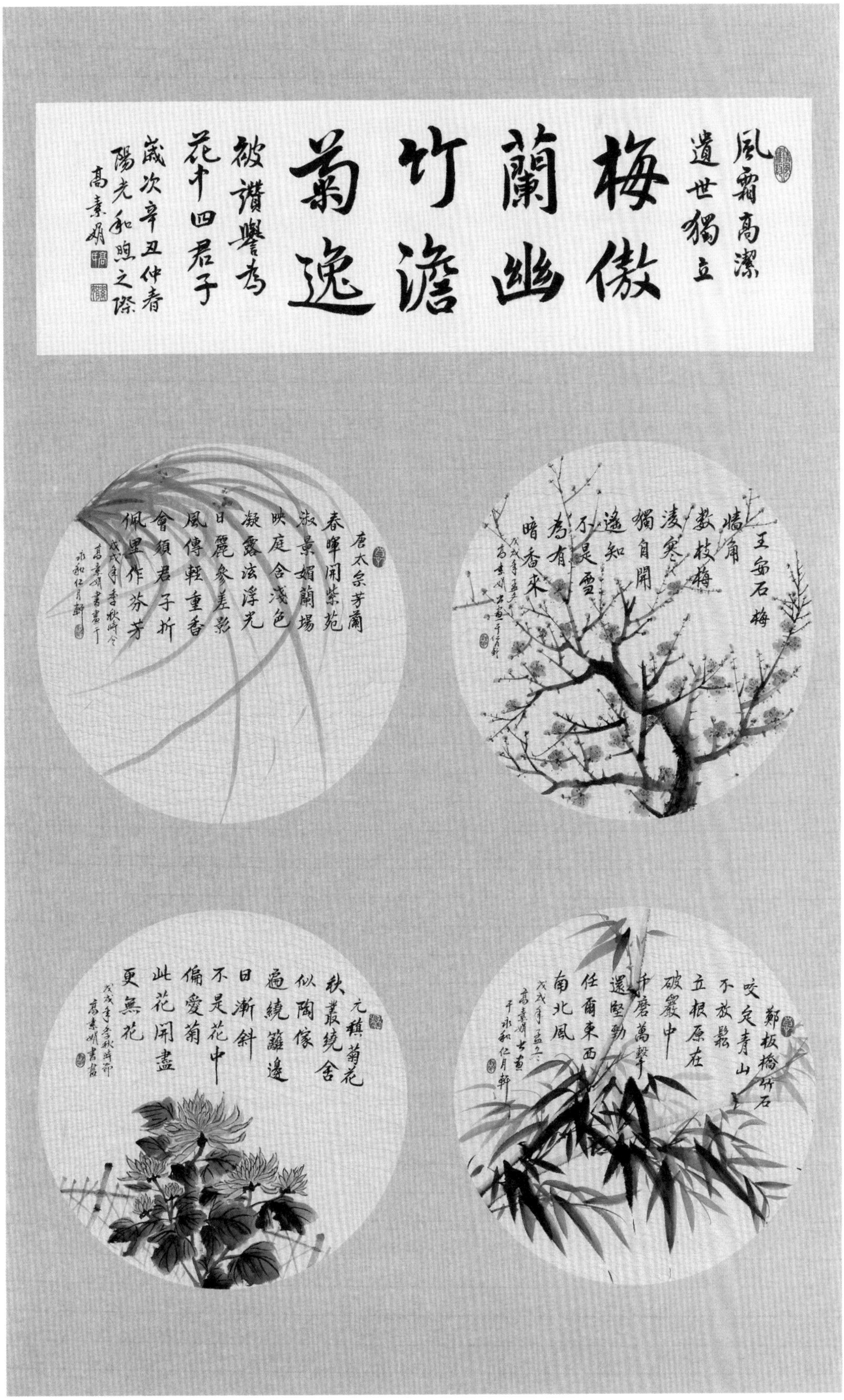

四君子詩情畫意

尺寸：120×70.5cm
水墨設色 宣紙

說明：風霜高潔，遺世獨立。梅傲、蘭幽、竹澹、菊逸，
被讚譽為花中四君子。

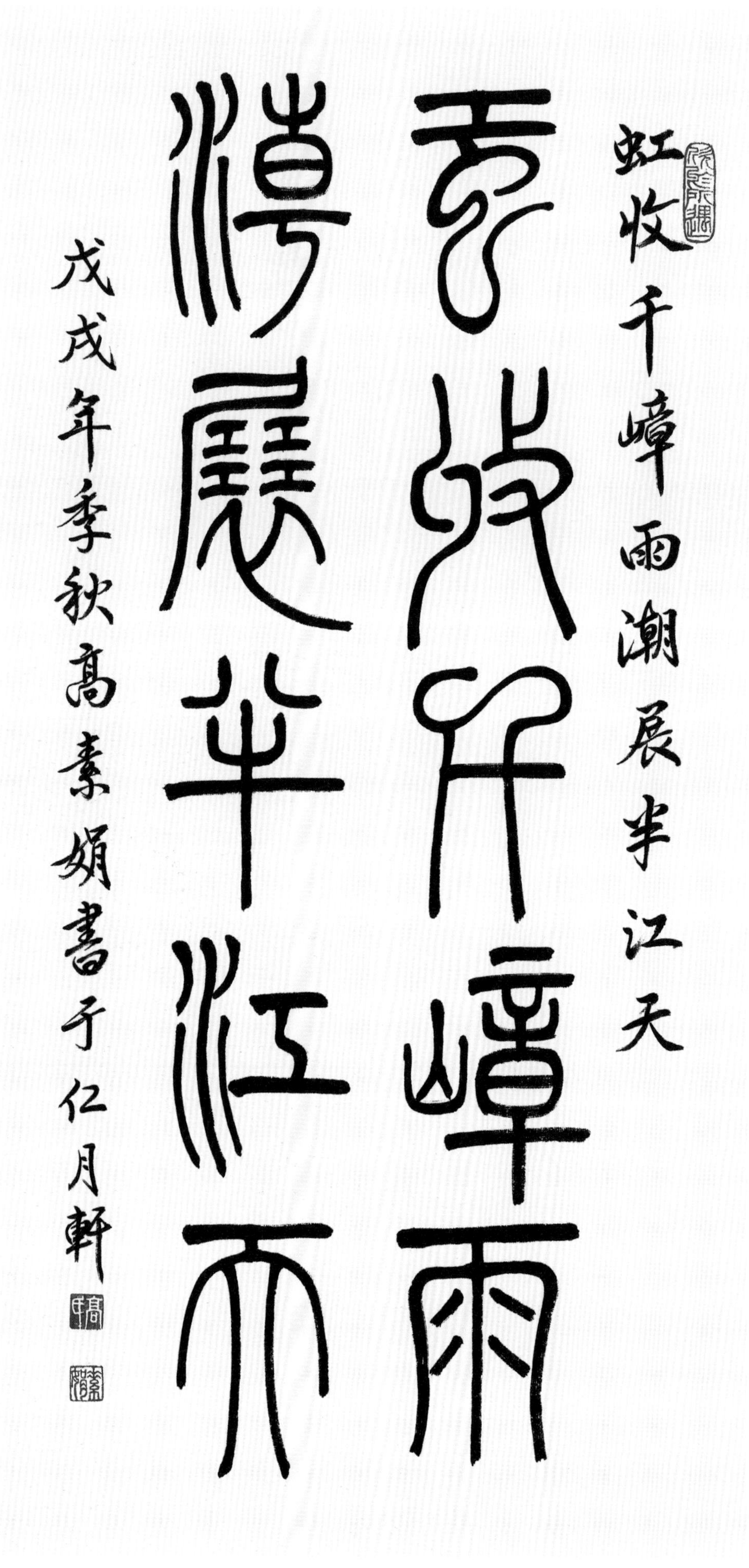
虹收千嶂雨
潮展半江天
虹收千嶂雨潮展半江天
戊戌年季秋高素娟書于仁月軒

小篆對聯

尺寸：70×35cm
宣紙

釋文：虹收千嶂雨
潮展半江天

媽媽因草

尺寸：100×40cm
水墨設色 宣紙

說明：以前都是用灶煮飯，媽媽很辛苦，常常忙著準備煮飯時用來燃燒的柴火，我們在一旁幫忙。

踏青

尺寸：27×24cm
水墨設色 畫仙板

梅蕊吐幽香

尺寸：137×35.5cm
水墨設色 宣紙

紅面鴨fun暑假

尺寸：27×24cm
水墨設色 畫仙板

說明：2020年8月遊花蓮鯉魚潭，
　　　紅面鴨fun暑假吸引我的目光，
　　　畫下牠可愛的身影。

我的爸爸媽媽

尺寸：135×35cm
水墨設色 宣紙

說明：爸爸媽媽夫唱婦隨，
辛勤耕耘，豁達堅毅，
是我們的好榜樣。

田野風光

尺寸：27×24cm
水墨設色 畫仙板

快樂採收破布子

尺寸：135×70cm
水墨設色 宣紙

說明：2020年端午節回家鄉，與家人一同採收破布子，三叔臉上洋溢滿足的笑容令人難忘。

農家樂

尺寸：27×24cm
水墨設色 畫仙板

我家面前有小河

尺寸：27×24cm
水墨設色 畫仙板

夕陽伴我歸

尺寸：143×38cm
水墨設色 宣紙

說明：夕陽已染紅了大地，我們正在回家的路上，爸爸駕著牛車緩步向前走，牛兒奮起精神一步一步走向溫暖的家。

四周慢慢暗沉下來，靜謐的田野，安詳柔和，涼爽的晚風，舒潔怡人，我們沉浸在天地淳美景色中。

採收花生時，一邊聊天，一邊剝著生花生吃，鮮甜的滋味，在舌尖流淌。一幕幕交織在眼波的會心微笑，伴隨著片片紅霞，我們將，回到可愛的家！

遠眺山月吊橋

尺寸：27×24cm
水墨設色 畫仙板

說明：2020年6月11日遊太魯閣，
從燕子口遠眺山月吊橋。

太魯閣燕子口一隅

尺寸：27×24cm
水墨設色 畫仙板

說明：2020年6月11日遊太魯閣燕子口一隅。

忍野八海一景

尺寸：27×24cm
水墨設色 畫仙板

說明：2019年12月到日本旅遊，
忍也八海令人印象深刻，
畫下眼前的美景。

淺草觀音寺

尺寸：27×24cm
水墨設色 畫仙板

說明：2019年12月日本淺草觀音寺旅遊寫生。

乘風迎曦
二〇一九遊土耳其卡帕多奇亞搭熱氣球 高素娟
ATS

乘風迎曦

尺寸：27×24cm
水墨設色 畫仙板

說明：2019年7月遊土耳奇，清晨在卡帕多奇亞
搭乘熱氣球，飽覽奇岩美景。

香菇岩

尺寸：27×24cm
水墨設色 畫仙板

說明：2019年7月遊土耳其，卡帕多奇亞的
　　　香菇岩，造型殊異，引人入勝。

春溪曉泛

尺寸：27×24cm
水墨設色 畫仙板

北科羅拉多大學雪景如詩如畫

尺寸：27×24cm
水墨設色 畫仙板

說明：2021年3月一場大雪把北科羅拉多大學校園裝扮得如詩如畫。

四季之歌

尺寸：106×53.5cm
水墨設色 宣紙

說明：四季之歌
　　　春華、夏蔭、秋韻、冬雪

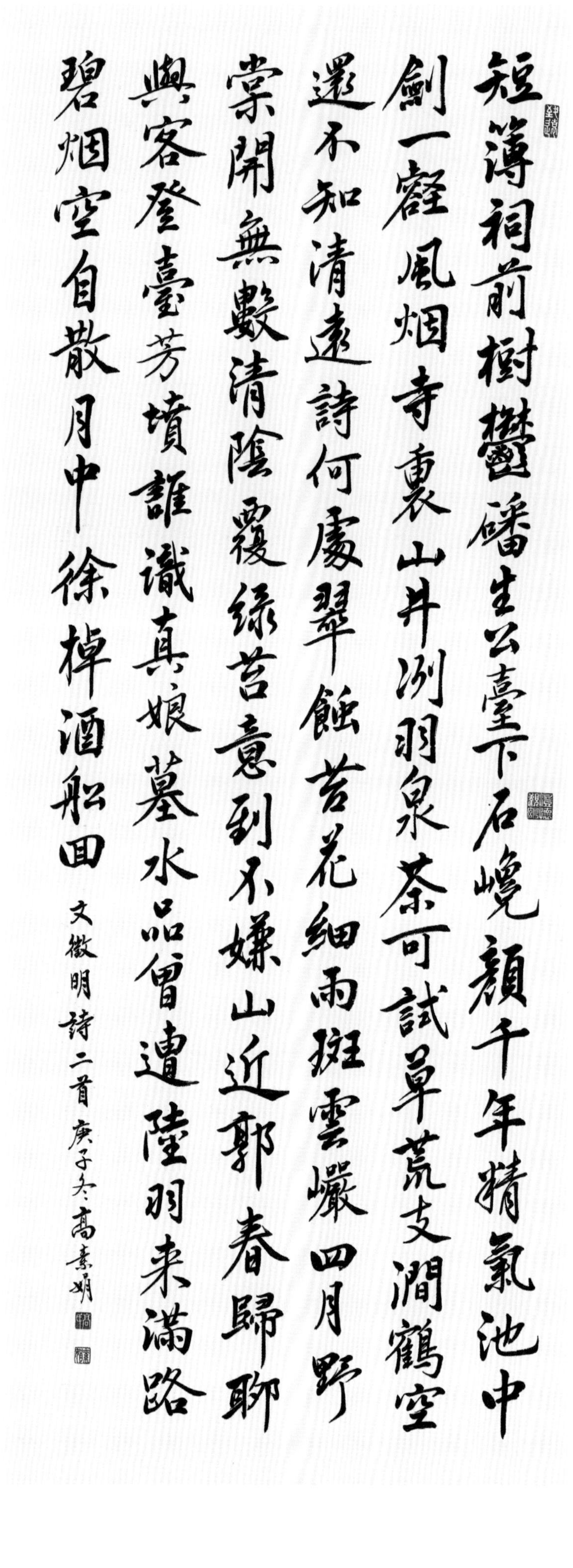
短簿祠前樹鬱旛生公臺下石巉顏千年精氣池中
劍一壑風烟寺裏山井冽羽泉茶可試草荒支澗鶴空
還不知清遠詩何處翠蝕苔花細雨斑雲巖四月野
棠開無數清陰覆綠苔意到不嫌山近郭春歸聊
與客登臺芳墳誰識真娘墓水品曾遭陸羽来滿路
碧烟空自散月中徐棹酒船回
文徵明詩二首 庚子冬 高素明

文徵明古詩二首

137.3×55.8cm　宣紙

短簿祠前樹鬱旛，生公臺下石巉顏，千年精氣池中劍，一壑風煙寺裡山，井冽羽泉茶可試，草荒支澗鶴空還，不知清遠詩何處，翠蝕苔花細雨斑。雲巖四月野棠開，無數清陰覆綠苔，意到不嫌山近郭，春歸聊與客登臺，芳墳誰識真娘墓，水品曾遭陸羽來，滿路碧煙空自散，月中徐棹酒船回。

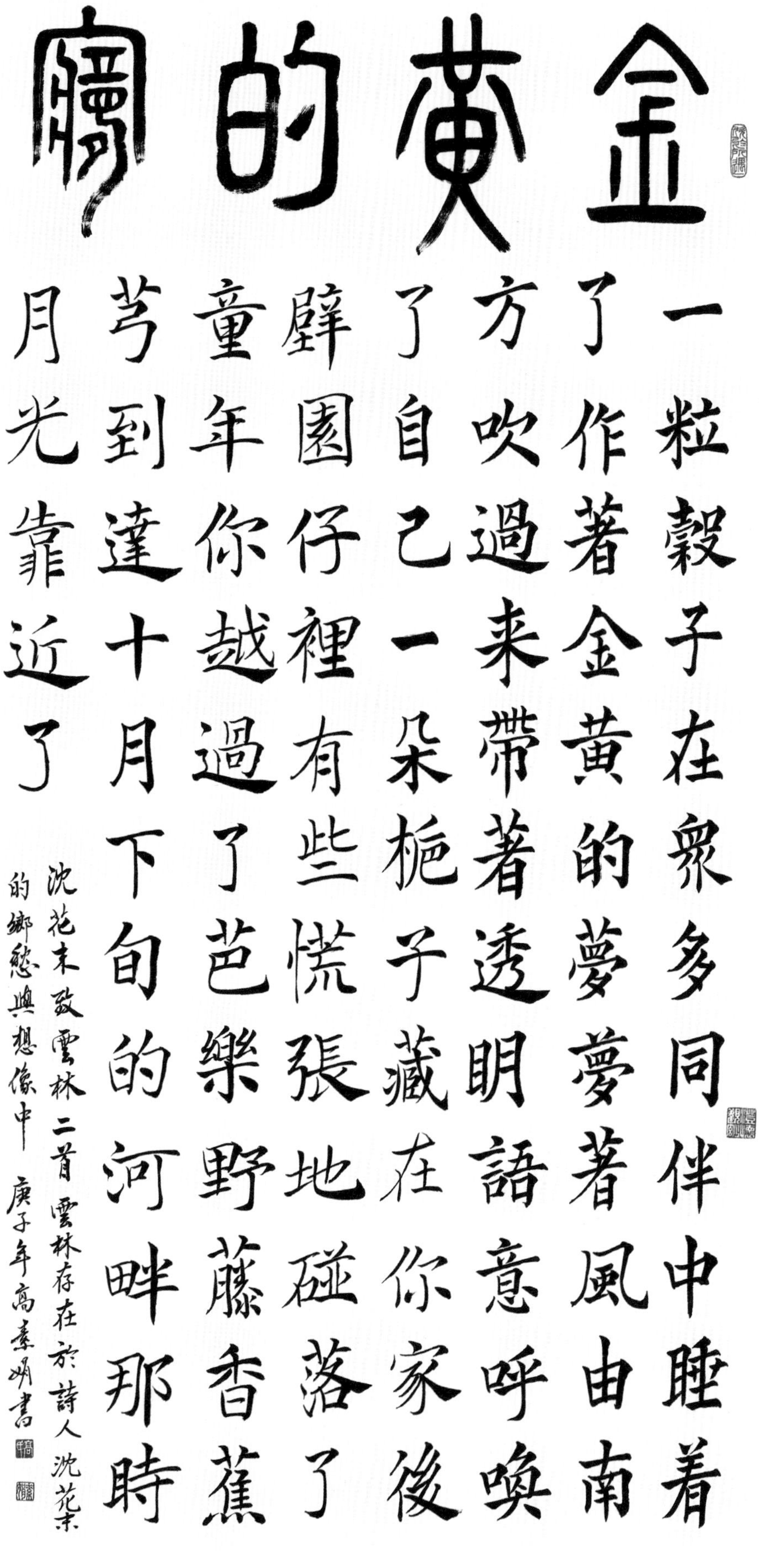
金黃的夢
一粒穀子在眾多同伴中睡着
了作著金黃的夢夢著風由南
方吹過来帶著透明語意呼喚
了自己一朵梔子藏在你家後
辟園仔裡有些慌張地碰落了
童年你越過了芭樂野藤香蕉
芎到達十月下旬的河畔那時
月光靠近了
沈花末致雲林二首 雲林存在於詩人沈花末的鄉愁與想像中 庚子年高素娟書

致雲林兩首

楷書 135×70cm 宣紙

一粒種子在眾多同伴中睡著了，作著金黃的夢，夢著風由南方吹過來，帶著透明語意呼喚了自己。一朵梔子藏在你家後壁園子裡，有些慌張地碰落了童年，你越過了芭樂野藤香蕉芎，到達十月下旬的河畔，那時月光靠近了。

豐收季節

尺寸：27×24cm
水墨設色 畫仙板

說明：小時候看到農人在田裡忙碌收割的的景象，
　　　一片金黃稻浪，是豐收的季節。

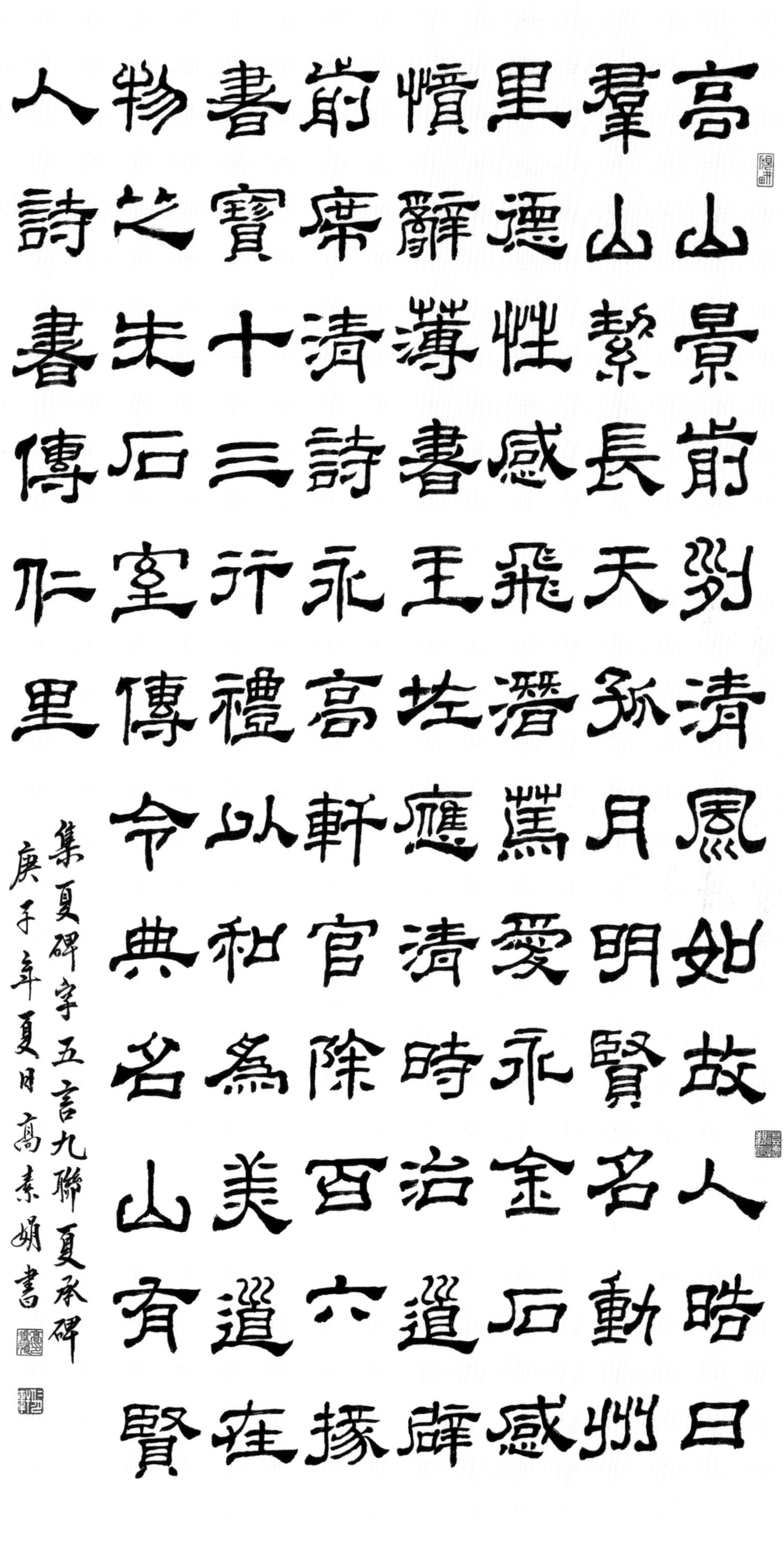

夏承碑集聯

隸書 138×77.5cm 宣紙

高山景前列，清風如故人。皓日群山絜，長天孤月明。
賢名動州里，德行感飛潛。篤愛永金石，感情辭薄書。
主佐應清時，治道辟前席。清詩永高軒，官除百六掾。
書寶十三行，禮以利為美。道在物之先，石室傳令典。
名山有賢人，詩書傳仁里。

君子有三畏天下非一人
明德在毋我大智亦猶人
歲次庚子孟夏高素娟書于仁月軒

大篆對聯

133×35cm　宣紙

君子有三畏，天下非一人。明德在毋我，大智亦猶人。

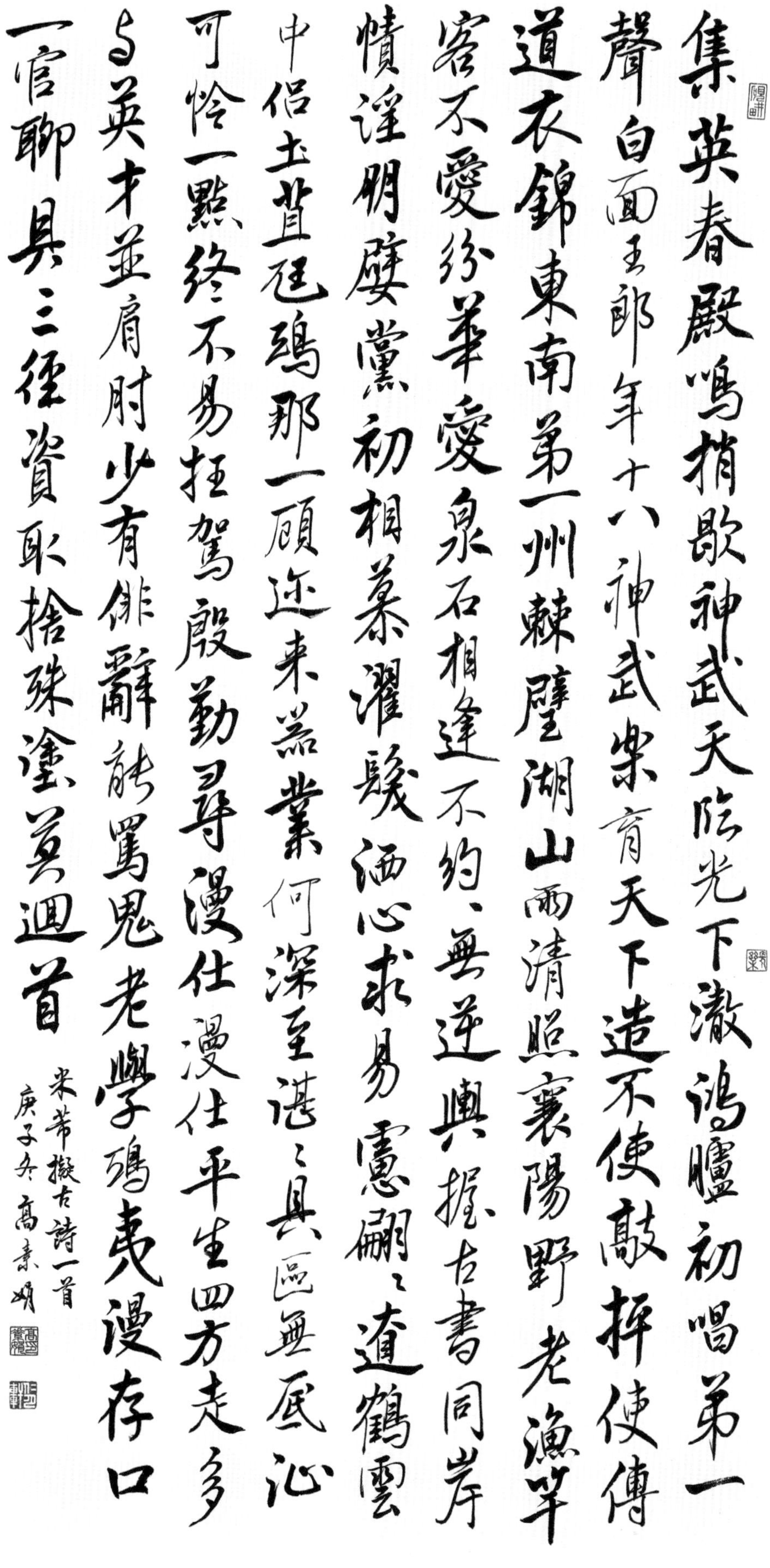

米芾擬古詩一首

行書　137×71cm　宣紙

集英春殿鳴稍歇，神武天臨光下澈。鴻臚初唱第一聲，白面王郎年十八。神武樂育天下造，不使敲枰使傳道。衣錦東南第一州，棘壁湖山兩清照。襄陽野老漁竿客，不愛芬華愛泉石。相逢不約約無逆，輿握古書同岸　。淫朋嬖黨初相慕，濯髮洒心求易慮。翩翩遼鶴雲中侶，土苴尪鴟那一顧。爾來器業何深至，湛湛具區無底沁。可憐一點終不易，枉駕殷勤尋漫仕。漫仕平生四方走，多與英才並肩肘。少有俳辭能罵鬼，老學鴟夷漫存口。一官聊具三徑資，取捨殊途莫回首。

歲暮陰陽催短景天涯霜雪霽寒宵
五更鼓角聲悲壯三峽星河影動搖
野哭千家聞戰伐夷歌數處起漁樵臥龍躍
馬終黃土人事音書漫寂寥
杜甫閣夜 己亥年高素娟

杜甫閣夜

行書　136.7×35.5cm　宣紙

歲暮陰陽催短景，天涯寒雪霽寒宵。
五更鼓角聲悲壯，三峽星河影動搖。
野哭幾家聞戰伐，夷歌數處起漁樵。
臥龍躍馬終黃土，人事音書漫寂寥。

洛神賦

行書 137×71cm 宣紙

黃初三年，餘朝京師還濟洛川。古人有言，斯水之神，名曰宓妃。感宋玉對楚王說神女之事，遂作斯賦，其詞曰：余從京域，言歸東藩，背伊闕，越轘轅，經通谷，陵景山。日既西傾，車殆馬煩。爾乃稅駕乎蘅皋，秣駟乎芝田，容與乎陽林，流眄乎洛川。於是精移神駭，忽焉思散。俯則未察，仰以殊觀。睹一麗人，於巖之畔。爾乃援御者而告之曰：爾有覿於彼者乎？彼何人斯，若此之豔也！御者對曰：臣聞河洛之神，名曰宓妃。然則君王所見也，無乃是乎？其狀若何，臣願聞之。余告之曰：其形也，翩若驚鴻，婉若游龍，榮曜秋菊，華茂春松。髣髴兮若青雲之蔽月，飄颻兮若流風之迴雪。遠而望之，皎若太陽升朝霞。迫而察之，灼若浮渠出淥波。穠纖得衷，修短合度。肩若削成，腰如約素。延頸秀項，皓質呈露，芳澤無加，鉛華弗御。雲髻峨峨，修眉聯娟，丹脣外朗，皓齒內鮮，明眸善睞，靨輔承權，瓌姿豔逸，儀靜體閒。柔情綽態，媚於語言。奇服曠世，骨像應圖。披羅衣之璀粲兮，珥瑤碧之華琚。戴金翠之首飾，綴明珠以耀軀。踐遠遊之文履，曳霧綃之輕裾。微幽蘭之靄兮，步踟躕於山隅。於是忽焉縱體，以敖以嬉。左倚采旄，右蔭桂旗。攘皓腕於神滸兮，采湍瀨之玄芝。餘情悅其淑美兮，心振盪而不怡。無良媒以接歡兮，託微波而通辭。願誠素之先達兮，解玉珮而要之。嗟佳人之信脩，羌習禮而明詩。抗瓊珶以和予兮，指潛川而為期。執眷眷之款實兮，懼斯靈之我欺。感交甫之棄言兮，悵猶豫而狐疑。收和顏以靜志兮，申禮防以自持。於是洛靈感焉，徙倚彷徨。神光離合，乍陰乍陽。竦輕軀以鶴立，若將飛而未翔。踐椒塗之郁烈，步蘅薄而流芳。超長吟以永慕兮，聲哀厲而彌長。爾乃眾靈雜遝，命儔嘯侶。或戲清流，或翔神渚。或采明珠，或拾翠羽。從南湘之二妃，攜漢濱之游女。嘆匏瓜之無匹，詠牽牛之獨處。揚輕袿之猗靡兮，翳脩袖以延佇。體迅飛鳧，飄忽若神。陵波微步，羅襪生塵。動無常則，若危若安，進止難期。

水惟善下能成海
山不爭高自極天
行書對聯 96×36cm 宣紙

若夫霪雨霏霏連月不開陰風怒號濁浪排
空日星隱耀山岳潛形商旅不行檣傾楫摧
薄暮冥冥虎嘯猿啼登斯樓也則有去國懷
鄉憂讒畏譏滿目蕭然感極而悲者矣至若
春和景明波瀾不驚上下天光一碧萬頃沙
鷗翔集錦鱗游泳岸芷汀蘭鬱鬱青青而或
長煙一空皓月千里浮光躍金靜影沉璧漁
歌互答此樂何極

節錄岳陽樓記　乙未年季春高素娟書

岳陽樓記
楷書　135×70cm　宣紙

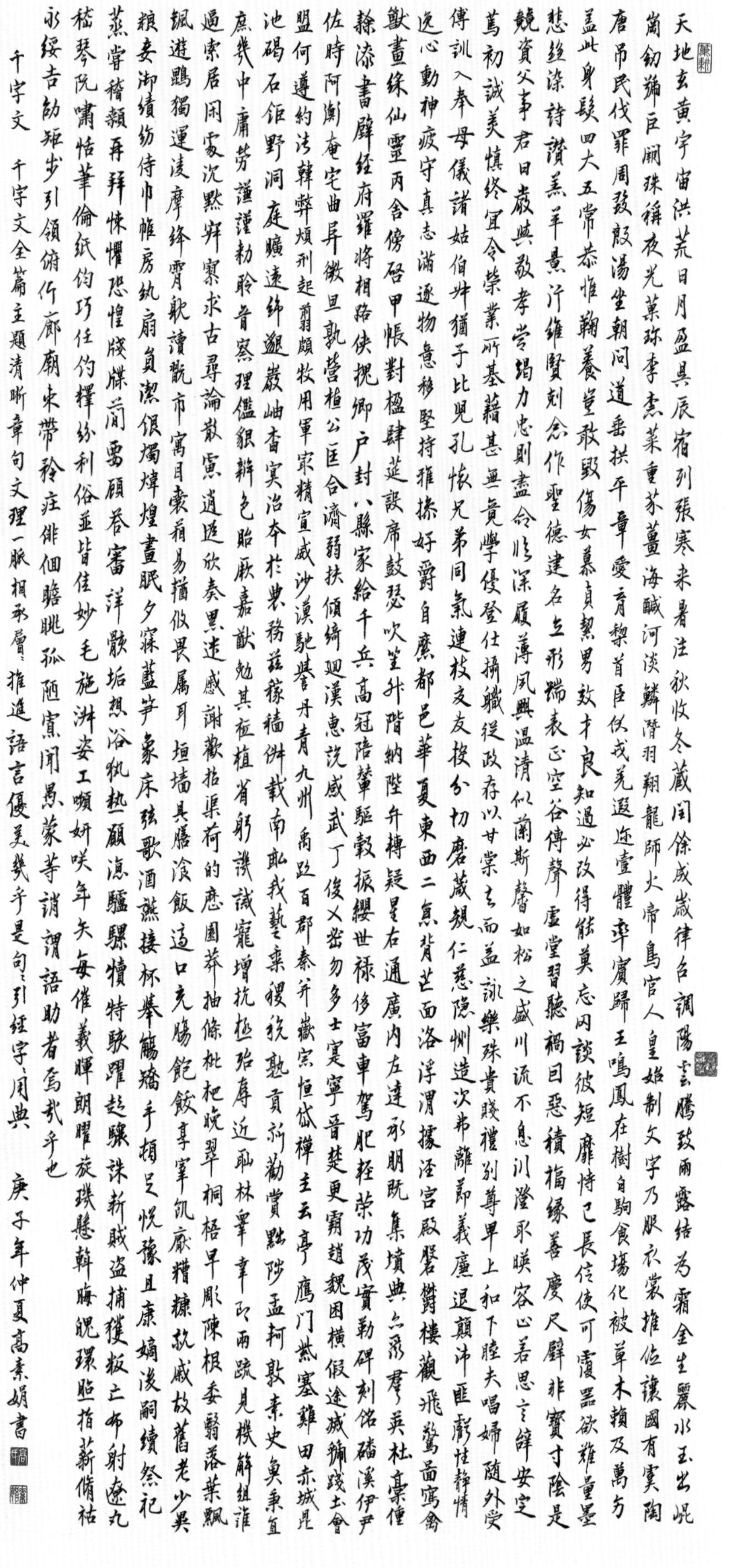
天地玄黃宇宙洪荒日月盈昃辰宿列張寒來暑往秋收冬藏閏餘成歲律呂調陽雲騰致雨露結為霜金生麗水玉出崑
崗劍號巨闕珠稱夜光果珍李柰菜重芥薑海鹹河淡鱗潛羽翔龍師火帝鳥官人皇始制文字乃服衣裳推位讓國有虞陶
唐弔民伐罪周發殷湯坐朝問道垂拱平章愛育黎首臣伏戎羌遐邇壹體率賓歸王鳴鳳在樹白駒食場化被草木賴及萬方
蓋此身髮四大五常恭惟鞠養豈敢毀傷女慕貞絜男效才良知過必改得能莫忘罔談彼短靡恃己長信使可覆器欲難量墨
悲絲染詩讚羔羊景行維賢克念作聖德建名立形端表正空谷傳聲虛堂習聽禍因惡積福緣善慶尺璧非寶寸陰是
競資父事君曰嚴與敬孝當竭力忠則盡命臨深履薄夙興溫凊似蘭斯馨如松之盛川流不息淵澄取映容止若思言辭安定
篤初誠美慎終宜令榮業所基籍甚無竟學優登仕攝職從政存以甘棠去而益詠樂殊貴賤禮別尊卑上和下睦夫唱婦隨外受
傅訓入奉母儀諸姑伯叔猶子比兒孔懷兄弟同氣連枝交友投分切磨箴規仁慈隱惻造次弗離節義廉退顛沛匪虧性靜情
逸心動神疲守真志滿逐物意移堅持雅操好爵自縻都邑華夏東西二京背邙面洛浮渭據涇宮殿盤鬱樓觀飛驚圖寫禽
獸畫綵仙靈丙舍傍啟甲帳對楹肆筵設席鼓瑟吹笙升階納陛弁轉疑星右通廣內左達承明既集墳典亦聚群英杜稾鍾
隸漆書壁經府羅將相路俠槐卿戶封八縣家給千兵高冠陪輦驅轂振纓世祿侈富車駕肥輕策功茂實勒碑刻銘磻溪伊尹
佐時阿衡奄宅曲阜微旦孰營桓公匡合濟弱扶傾綺迴漢惠說感武丁俊乂密勿多士寔寧晉楚更霸趙魏困橫假途滅虢踐土會
盟何遵約法韓弊煩刑起翦頗牧用軍最精宣威沙漠馳譽丹青九州禹跡百郡秦并嶽宗恒岱禪主云亭雁門紫塞雞田赤城昆
池碣石鉅野洞庭曠遠綿邈巖岫杳冥治本於農務茲稼穡俶載南畝我藝黍稷稅熟貢新勸賞黜陟孟軻敦素史魚秉直
庶幾中庸勞謙謹敕聆音察理鑑貌辨色貽厥嘉猷勉其祗植省躬譏誡寵增抗極殆辱近恥林皋幸即兩疏見機解組誰
逼索居閑處沉默寂寥求古尋論散慮逍遙欣奏累遣慼謝歡招渠荷的歷園莽抽條枇杷晚翠梧桐早凋陳根委翳落葉飄
颻遊鵾獨運凌摩絳霄耽讀翫市寓目囊箱易輶攸畏屬耳垣牆具膳餐飯適口充腸飽飫烹宰飢厭糟糠親戚故舊老少異
糧妾御績紡侍巾帷房紈扇圓潔銀燭煒煌晝眠夕寐藍筍象床弦歌酒讌接杯舉觴矯手頓足悅豫且康嫡後嗣續祭祀
烝嘗稽顙再拜悚懼恐惶牋牒簡要顧答審詳骸垢想浴執熱願涼驢騾犢特駭躍超驤誅斬賊盜捕獲叛亡布射遼丸
嵇琴阮嘯恬筆倫紙鈞巧任釣釋紛利俗並皆佳妙毛施淑姿工顰妍笑年矢每催羲暉朗曜璇璣懸斡晦魄環照指薪修祜
永綏吉劭矩步引領俯仰廊廟束帶矜莊徘徊瞻眺孤陋寡聞愚蒙等誚謂語助者焉哉乎也
千字文　千字文全篇主題清晰章句文理一脈相承層層推進語言優美幾乎是句句引經字字用典
庚子年仲夏高素娟書

千字文
行楷書　138×71cm　宣紙

窗前古木宜招鶴
門外清溪可濯纓
136.7×35.5cm 宣紙

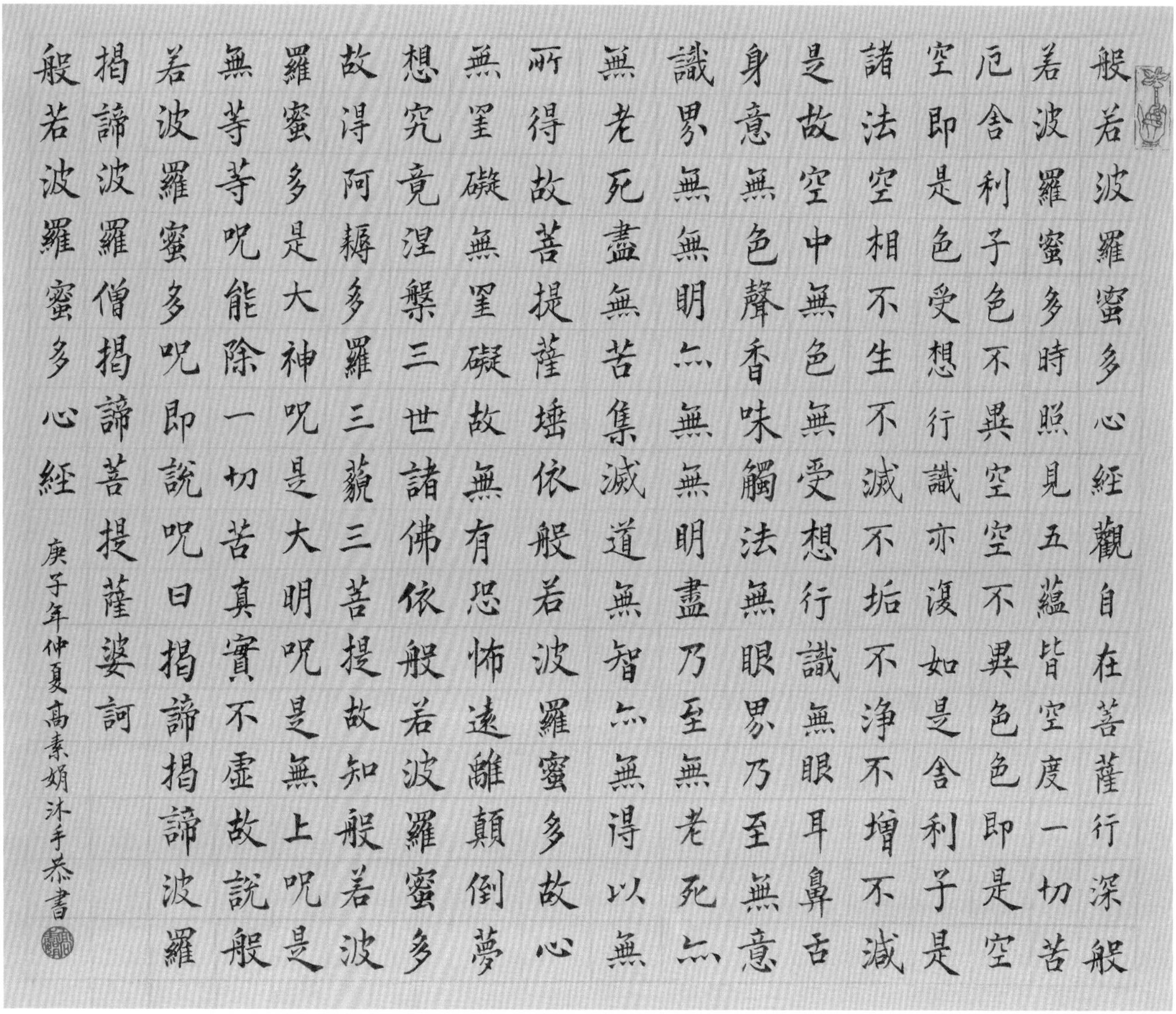
般若波羅蜜多心經觀自在菩薩行深般若波羅蜜多時照見五蘊皆空度一切苦厄舍利子色不異空空不異色色即是空空即是色受想行識亦復如是舍利子是諸法空相不生不滅不垢不淨不增不減是故空中無色無受想行識無眼耳鼻舌身意無色聲香味觸法無眼界乃至無意識界無無明亦無無明盡乃至無老死亦無老死盡無苦集滅道無智亦無得以無所得故菩提薩埵依般若波羅蜜多故心無罣礙無罣礙故無有恐怖遠離顛倒夢想究竟涅槃三世諸佛依般若波羅蜜多故得阿耨多羅三藐三菩提故知般若波羅蜜多是大神咒是大明咒是無上咒是無等等咒能除一切苦真實不虛故說般若波羅蜜多咒即說咒曰揭諦揭諦波羅揭諦波羅僧揭諦菩提薩婆訶
般若波羅蜜多心經
庚子年仲夏高素娟沐手恭書

心經

楷書 59×49cm 金宣紙

觀天之道執天之行盡矣天有五賊見之
者昌五賊在心施行於天宇宙在乎手萬
化生乎身天性人也人心機也立天之道
以定人也天發殺機移星易宿地發殺機
龍蛇起陸人發殺機天地反覆天人合發
萬化定基性有巧拙可以伏藏九竅之邪
在乎三要可以動靜火生於木禍發必尅
姦生於國時動必潰知之脩之謂之聖人

節錄陰符經　己亥年仲春高素娟書于永和仁月軒

陰符經
楷書 137×71cm 宣紙

古臺搖落後秋日望鄉心野寺人来
少雲峰水隔深夕陽依舊壘寒磬满
空林惆悵南朝事長江獨至今
劉長卿詩

劉長卿　秋日登吴公台上寺遠眺

隸書　136.7×35.5cm　宣紙

古臺搖落後，秋日望鄉心。
野寺人來少，雲峰水隔深。
夕陽依舊壘，寒磬滿空林。
惆悵南朝事，長江獨自今。

道可道非常道名可名非常名無名天地之始有名萬物之母常無欲以觀其妙常有欲以觀其徼此兩者同出而異名同謂之玄玄之又玄衆妙之門天下皆知美之為美
斯惡已皆知善之為善斯不善已故有無之相生難易之相成長短之相形高下之相傾音聲之相和前後之相隨是以聖人處無為之事行不言之教萬物作而不辭生而
不有為而不恃功成不居夫唯不居是以不去不尚賢使民不爭不貴難得之貨使民不為盜不見可欲使心不亂是以聖人之治也虛其心實其腹弱其志強其骨常使民
無知無欲使夫知者不敢為也為無為則無不治矣道沖而用之或不盈淵乎似萬物之宗挫其銳解其紛和其光同其塵湛兮似若存吾不知其誰之子象帝之先天地不
仁以萬物為芻狗聖人不仁以百姓為芻狗天地之間其猶橐籥乎虛而不屈動而愈出多言數窮不如守中谷神不死是謂玄牝之門是謂天地根綿綿若存用之不勤天
長地久天地所以能長且久者以其不自生故能長生是以聖人後其身而身先外其身而身存非以其無私耶故能成其私上善若水水善利萬物而不爭處衆人之所惡
故幾於道居善地心善淵與善人言善信政善治事善能動善時夫惟不爭故無尤矣持而盈之不如其已揣而銳不可長保金玉滿堂莫之能守富貴而驕自遺其咎功成
名遂身退天之道載營魄抱一能無離乎專氣致柔能如嬰兒乎滌除玄覽能無疵乎愛民治國能無為乎天門開闔能無雌乎明白四達能無知乎生之畜之生而不有為
而不恃長而不宰是謂玄德三十輻共一轂當其無有車之用埏埴以為器當其無有器之用鑿戶牖以為室當其無有室之用故有之以為利無之以為用五色令人目盲
五音令人耳聾五味令人口爽馳騁田獵令人心發狂難得之貨令人行妨是以聖人為腹不為目故去彼取此寵辱若驚貴大患若身何謂寵辱寵為下得之若驚失之若驚
是謂寵辱若驚何謂貴大患若身吾所以有大患者為吾有身及吾無身吾有何患故貴以身為天下若可寄天下愛以身為天下若可託天下視之不見名曰夷聽之不聞
名曰希搏之不得名曰微此三者不可致詰故混而為一其上不皦其下不昧繩繩兮不可名復歸於無物是謂無狀之狀無物之象是謂忽恍迎之不見其首隨之不見其
後執古之道以御今之有能知古始是謂道紀古之善為士者微妙玄通深不可識夫惟不可識故強為之容豫兮若冬涉川猶兮若畏四鄰儼兮其若客渙兮若冰將釋敦
兮其若樸曠兮其若谷渾兮其若濁孰能濁以靜之徐清孰能安以動之徐生保此道者不欲盈夫惟不盈故能蔽不新成致虛極守靜篤萬物並作吾以觀其復夫物芸芸
各歸其根歸根曰靜靜曰復命復命曰常知常曰明不知常妄作凶知常容容乃公公乃王王乃天天乃道道乃久沒身不殆
節錄老子道德經
高素娟書

老子道德經

楷書 135×36cm 宣紙

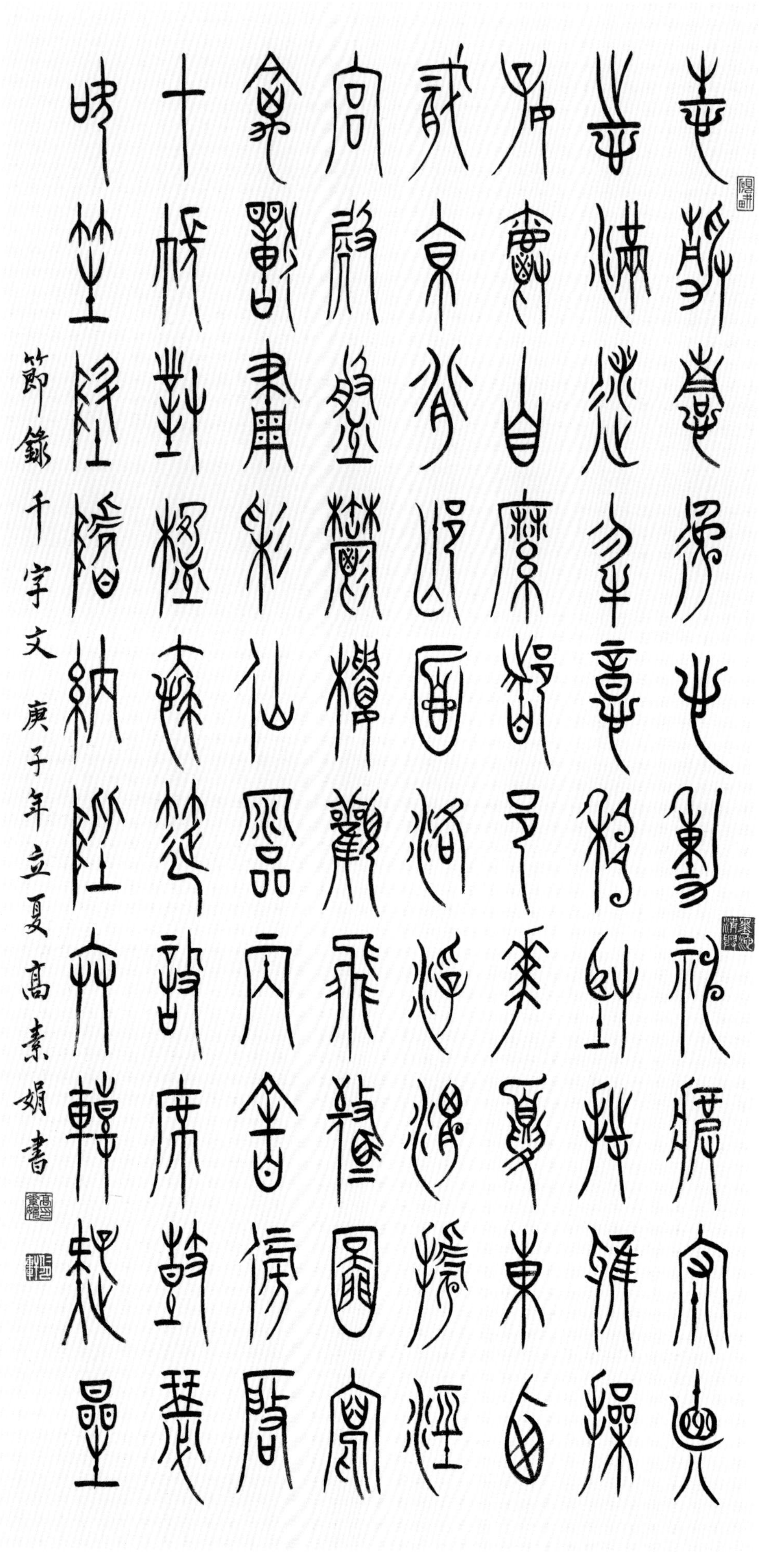
節錄千字文 庚子年立夏 高素娟書

中山王篆千字文

隸書　135×69cm　宣紙

性靜情逸，心動神疲。守貞志滿，逐物意移。堅持雅操，好爵自縻。都邑華夏，東西二京。
背邙面洛，浮渭據涇，宮殿盤鬱，樓觀飛驚。圖寫禽獸，畫綵仙靈。丙舍傍啟，甲帳對楹。
肆筵設席，鼓瑟吹笙。升階納陛，弁轉疑星。

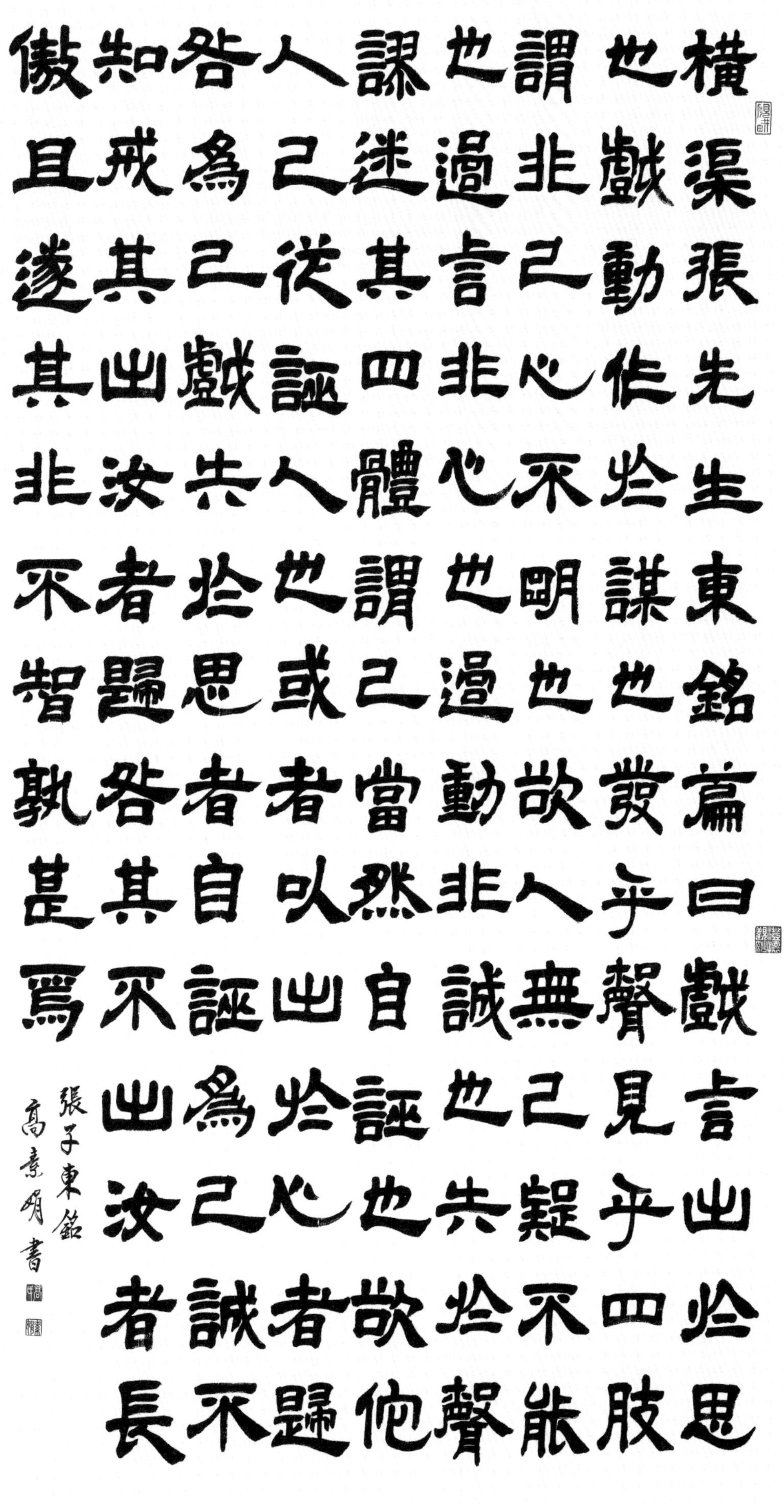
橫渠張先生東銘篇曰戲言出於思
也戲動作於謀也發乎聲見乎四肢
謂非己心不明也欲人無己疑不能
也過言非心也過動非誠也失於聲
謬迷其四體謂己當然自誣也欲他
人己從誣人也或者以出於心者歸
咎為己戲失於思者自誣為己誠不
知戒其出汝者歸咎其不出汝者長
傲且遂其非不智孰甚焉
張子東銘
高素娟書

張子東銘

隸書 142×79.8cm 宣紙

橫渠張先生東銘篇曰：戲言出於思也，動作於謀也，發乎聲，見乎四肢，謂非己心不明也。欲人無己疑不能也，過言非心也，過動非誠也，失於聲，謬迷其四體，謂己當然自誣也，欲他人己從誣人也，或者以出於心者，歸咎為己戲失於思者，自誣為己誠不知戒其出汝者歸咎其不出汝者，長傲且遂其非不智孰甚焉。

見善從之聞義則服溫柔孝悌毋驕恃力志毋虛邪行必正直游居
有常必就有德顏色整齊中心必式 節錄弟子職戊戌年高素娟

弟子職

小篆 135×35cm 宣紙

見善從之，聞義則服。溫柔孝悌，毋驕恃力。志毋虛邪，行必正直。
游居有常。必就有德。顏色整齊，中心必式。

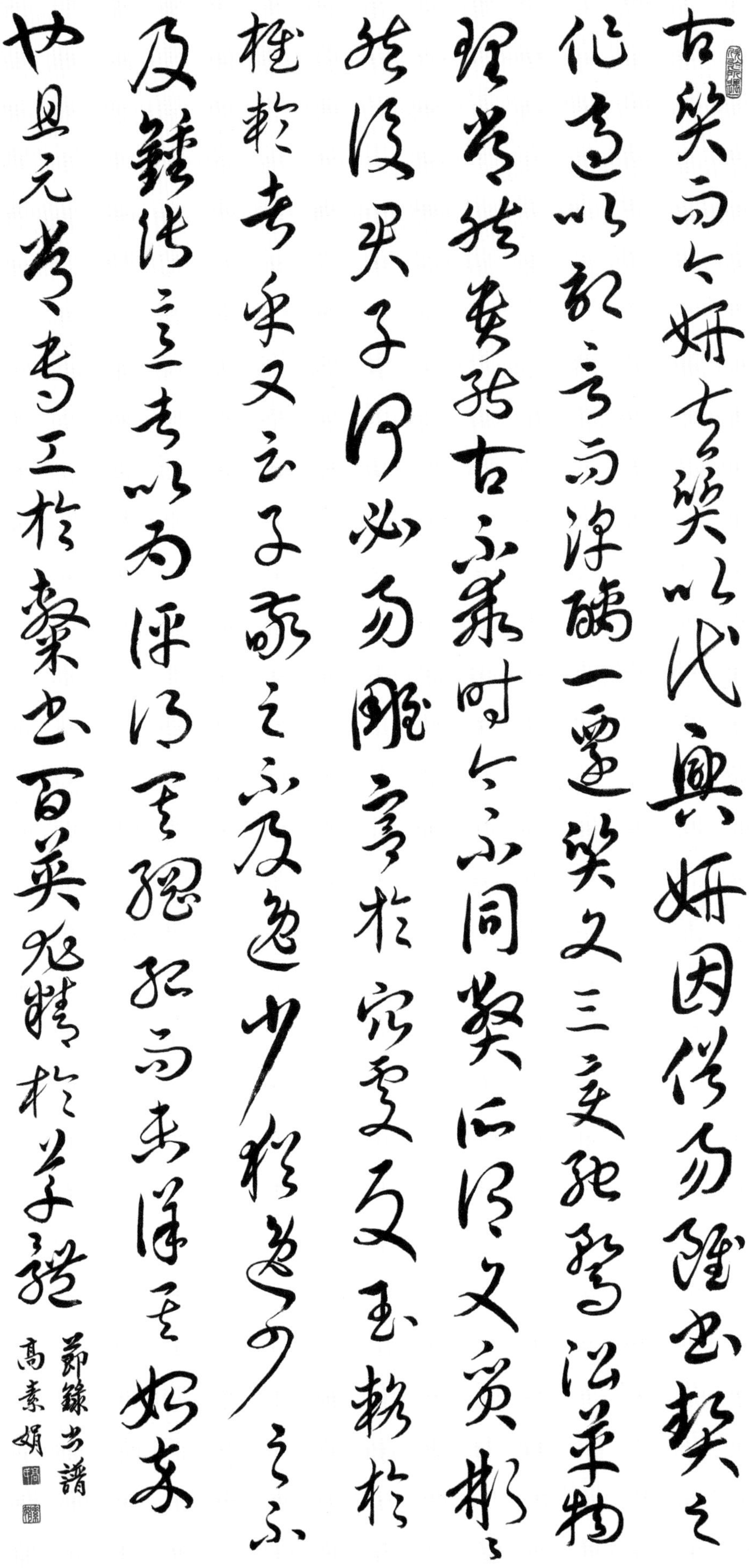

書譜

草書 135×70cm 宣紙

古質而今妍，夫質以代興，妍因俗易。雖書契之作，適以記言，而淳醨一遷，質文三變，馳騖沿革，物理常然。貴能古不乖時，今不同弊，所謂文質彬彬，然後君子。何必易雕宮於穴處，反玉輅於椎輪者乎！文云：子敬之不及逸少，猶逸少之不及鍾張。意者以為評得其綱紀，而未詳其始卒也。且元常專攻于隸書，伯英尤精於草體。

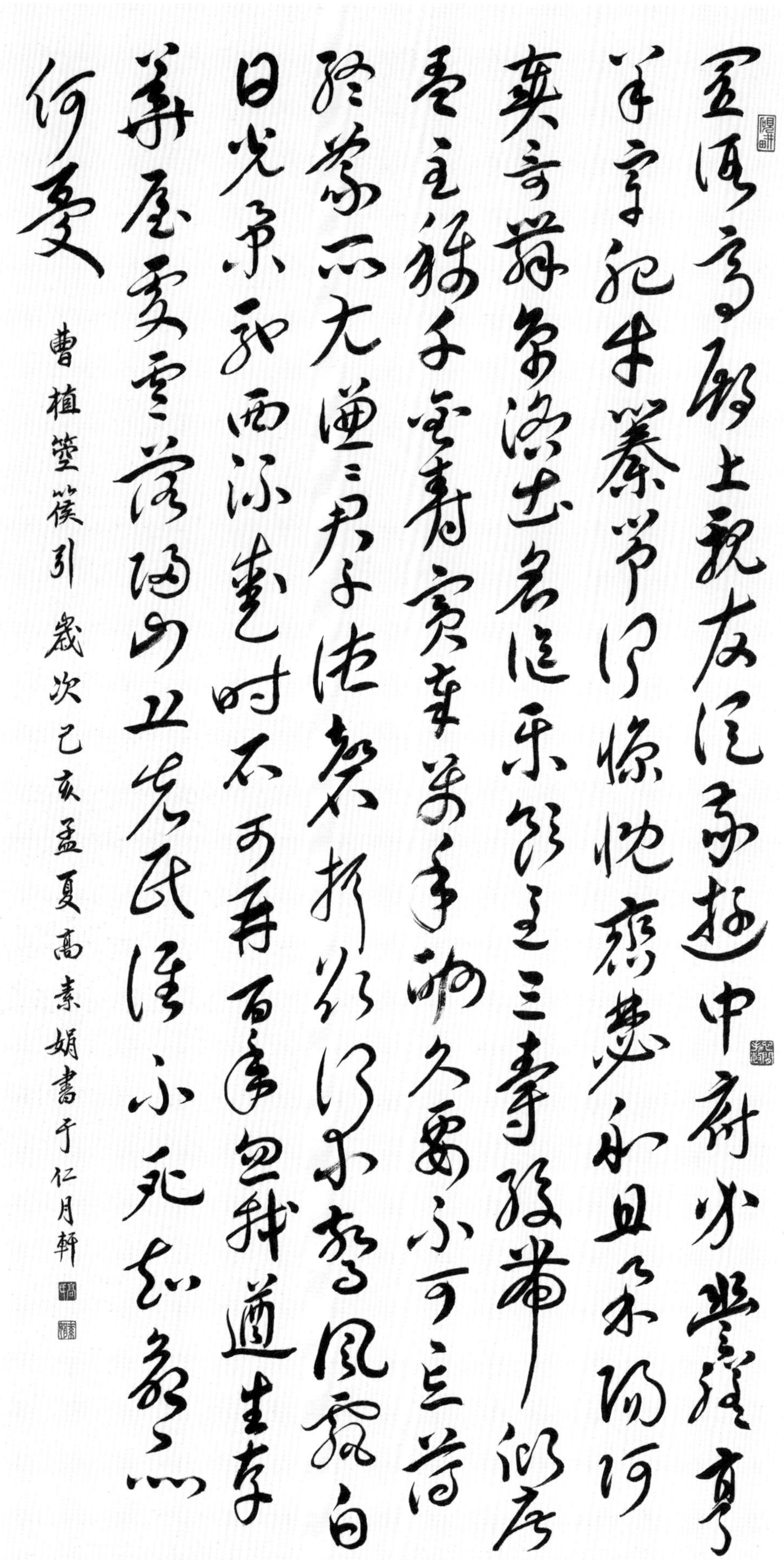
曹植箜篌引 歲次己亥孟夏高素娟書于仁月軒

箜篌引

草書 135×69.5cm 宣紙

置酒高殿上，親交從我遊。中廚辦豐膳，烹羊宰肥牛。
秦箏何慷慨，齊瑟和且柔。陽阿奏奇舞，京洛出名謳。
樂飲過三爵，緩帶傾庶羞。主稱千金壽，賓奉萬年酬。
久要不可忘，薄終義所尤。謙謙君子德，磬折欲何求。
驚風飄白日，光景馳西流。盛時不再來，百年忽我遒。
生存華屋處，零落歸山丘。先民誰不死，知命復何憂。

簡歷・得獎紀錄

Experience

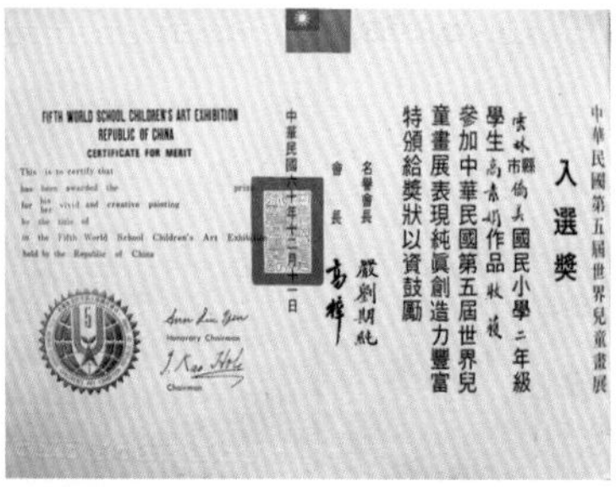

◆二年級參加第五屆世界兒童畫展入選獎

◆參加第四屆全國兒童寫生比賽優選獎

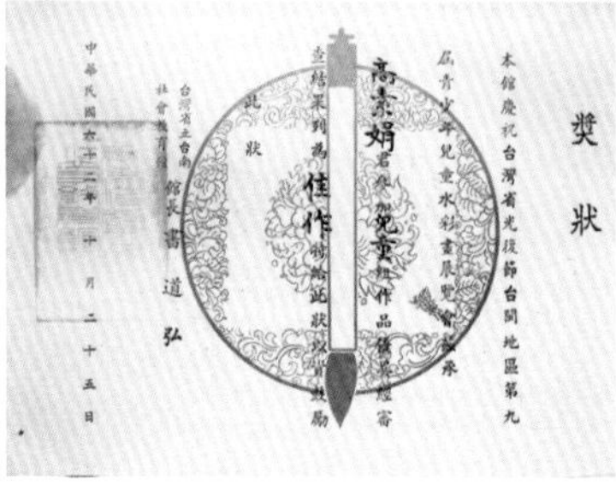

◆參加臺閩地區第九屆青少年兒童水彩畫比賽獲佳作

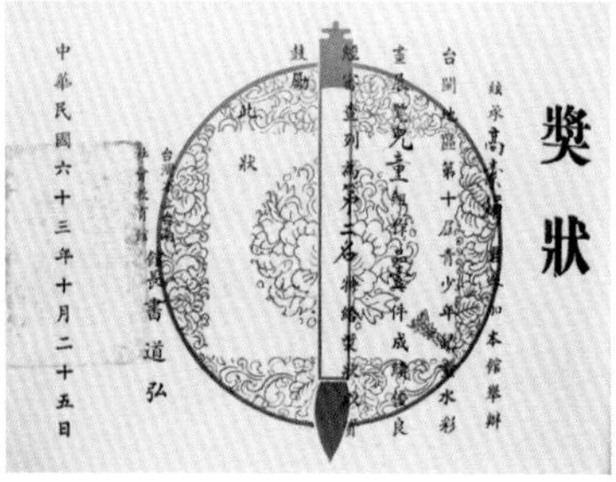

◆參加臺閩地區第十屆青少年兒童水彩畫比賽獲第二名

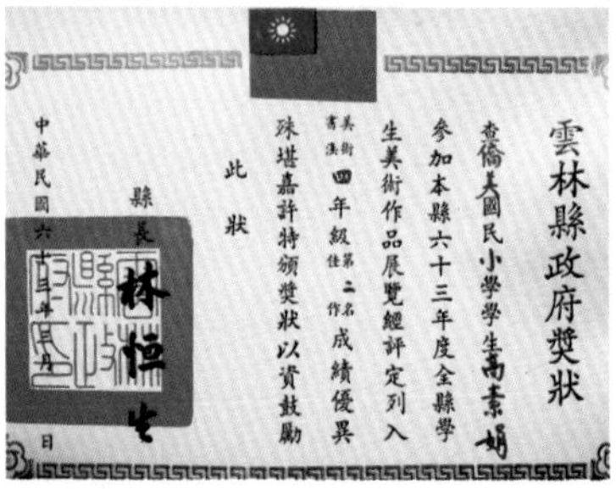

◆參加全縣學生美展獲四年級第二名

高素娟 簡歷

1964年出生於雲林縣北港鎮劉厝里

1970年9月雲林縣北港鎮僑美國小就讀一年級

1976年6月雲林縣北港鎮僑美國民小學畢業

1979年6月雲林縣北港鎮建國國民中學畢業

1984年6月嘉義師範專科學校語文組畢業

1989年6月國立臺灣師範大學教育系畢業

在新北市永和區秀朗國小服務30年

現為台北市南菁書法學會常務理事

得獎記錄

僑美國民小學時期（59.08-65.06）

1971年　參加中華民國第五屆世界兒童畫展作品收穫獲入選獎

1972年　參加第四屆全國兒童寫生大會獲優選獎

1973年　參加台閩地區第九屆青少年兒童水彩畫展獲兒童組佳作獎

1973年　參加六十二年美術節中部五縣市水彩寫生比賽榮獲三年級組第一名。

1973年　參加台灣省南部八縣市第二屆兒童作文故事畫比賽榮獲中年級第二名。

1974年　參加台閩地區第十屆青少年兒童水彩畫展榮獲兒童組第二名。

1974年　參加雲林縣六十三年度全縣學生美術比賽榮獲四年級第二名

1975年　參加南部八縣市第四屆兒童故事畫比賽榮獲國小五年級組第三名

1975年　參加韓國世界兒童畫展獲入選獎

1975年　參加雲林縣北港國際青商會寫生比賽獲國小組佳作

1975年　參加雲林縣國際獅子會舉辦六十四年兒童節高年級寫生比賽獲入選獎

1976年　當選全校模範生

1976年　獲頒國語日報好學生專欄榮譽獎狀

1976年　國際青年商會中華民國總會舉辦雲林縣十大模範兒童選拔，成績優異，獲頒全縣模範兒童當選證書。

建國國民中學時期（65.08-68.06）

1976年　參加校內保防教育作文比賽獲一年級組第一名

1976年　參加校內演講比賽獲一年級組第一名

1976年　參加六十五學年度推行保蔗教育演講比賽榮獲第二名

1978年　參加校內推行禮讓運動演講比賽榮獲第一名

1979年　參加校內推行社會國語演講比賽榮獲三年級組第一名

1979年　參加校內作文比賽榮獲三年級組第二名

1979年　參加校內蔣公遺囑默寫比賽獲三年級組第一名

1979年　當選全校模範生

嘉義師範專科學校時期（68.08-73.06）

1980年參加校內舉辦之國畫競賽榮獲第三名
1980年參加校內舉辦之西畫競賽榮獲佳作
1981年參加校內舉辦之西畫競賽榮獲佳作
1981年參加校內舉辦之作文競賽榮獲佳作
1981年參加校內舉辦之西畫競賽榮獲第一名
1982年參加校內舉辦之西畫美術競賽榮獲第二名
1982年獲頒校內之孝親楷模榮譽獎狀
1983年國父思想課程成績優良獲頒國父思想獎學金及獎狀
1984年獲頒學業成績優良獎

國立臺灣師範大學時期（74.08-78.06）

1986年七十四學年度第一學期學行成績優良名列第三名
1987年七十五學年度第一學期學行成績優良名列第一名
1988年七十六學年度第二學期學行成績優良名列第一名

秀朗國小服務時期（73.08-103.08）

1984年　參加台灣省台北縣民眾服務支社舉辦慶祝七十三年教師節女教師作文比賽榮獲亞軍
1987年　參加七十六年縣長盃中小學師生排球錦標賽，獲女教師組第二名
1994年　參加台北縣雙和區女教師聯隊八十二學年度師生盃躲避球錦標賽，獲女教師組冠軍
1997年　參加台北縣八十五學年度國民小學師生田徑錦標賽，榮獲教師女子組八百公尺接力第二名
1997年　指導班上學生獲評選為台灣省中小學八十五學年度優良事蹟專輯表揚學生
1998年　代表秀朗國小參加台北縣八十六學年度師生盃桌球錦標賽，榮獲女教師組第三名
1998年　參加台北縣八十六學年度國民小學師生田徑錦標賽，獲女教師乙組八百公尺接力第二名
1998年　獲台北縣雙和區開放教育做中學實驗研究評估優等獎
1999年　代表秀朗國小參加台北縣八十七學年度師生盃桌球錦標賽，榮獲女教師組第一名
1999年　參加台北縣八十七學年度國民小學師生田徑錦標賽，獲教師女子組四百公尺接力第三名
2000年　參加台北縣八十八學年度國民小學師生田徑錦標賽，獲教師女子組四百公尺接力第一名
2001年　指導學生參加台北縣健身操比賽，獲中高年級規定組團體亞軍
2001年　指導學生參加北區健身操比賽，榮獲國小組第二名
2001年　指導學生製作班級刊物《泰國之旅風情畫》參加台北縣九十學年度輔導刊物評鑑，榮獲國小組班級型甲等
2001年　指導學生參加全國中、小學校健身操總決賽，獲中高年級規定組優勝

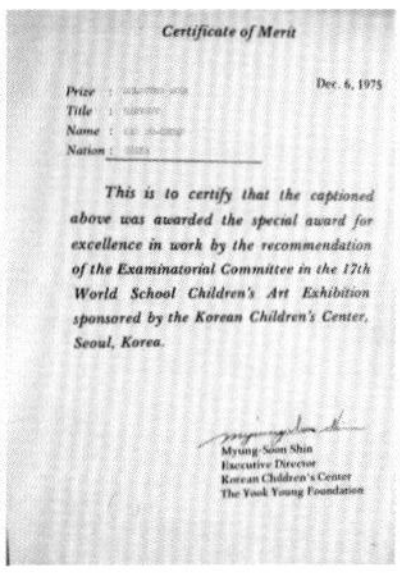
Certificate of Merit
Dec. 6, 1975
This is to certify that the captioned above was awarded the special award for excellence in work by the recommendation of the Examinatorial Committee in the 17th World School Children's Art Exhibition sponsored by the Korean Children's Center, Seoul, Korea.
◆1975年參加韓國世界兒童畫展獲入選獎

國民小學五年級組
第三名 高素娟
台南社會教育館
◆參加南部八縣市故事畫比賽第三名獎牌

獎狀
◆參加青商會舉辦寫生比賽獲佳作

第二名
◆參加南部八縣市兒童故事畫比賽第二名獎牌

◆參加南部八縣市兒童故事畫比賽第二名獎牌

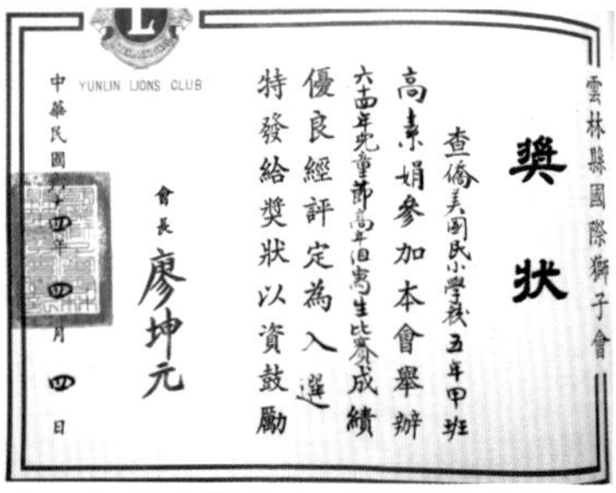
雲林縣國際獅子會
獎狀
查僑美國民小學校五年甲班
高素娟參加本會舉辦
六十四年兒童節寫生比賽成績
優良經評定為入選
特發給獎狀以資鼓勵
會長 廖坤元
中華民國六十四年四月四日

◆64年兒童節寫生比賽入選獎狀

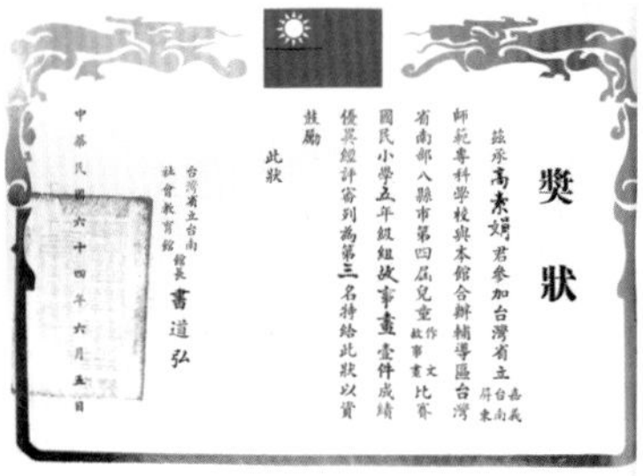
獎狀
茲承高素娟君參加台灣省立嘉義台南屏東師範專科學校與本館合辦輔導區台灣省南部八縣市第四屆兒童作文故事畫比賽國民小學五年級組故事畫壹件成績優異經評審列為第三名特給此狀以資鼓勵
此狀
台灣省立台南社會教育館 館長 書道弘
中華民國六十四年六月五日

◆參加南部八縣市故事畫比賽第三名

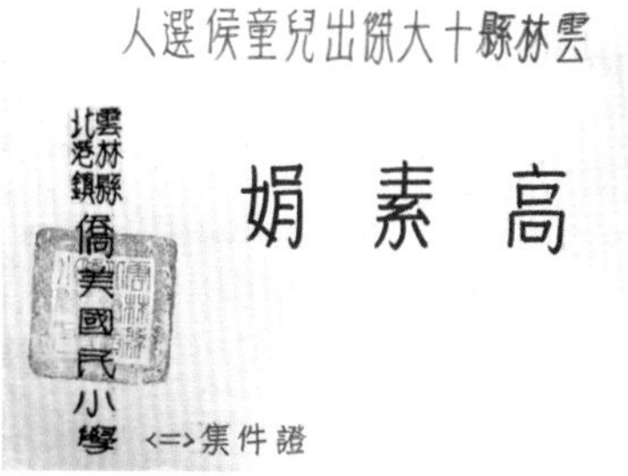
雲林縣十大傑出兒童候選人
高素娟
雲林縣北港鎮僑美國民小學
<二>集件證

◆老師幫我整理的證件集2

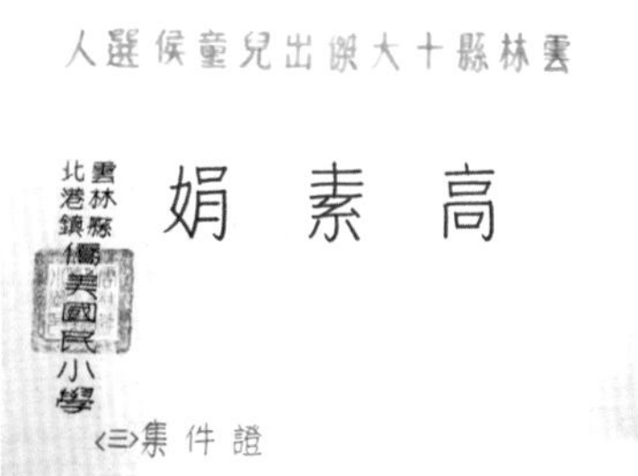
雲林縣十大傑出兒童候選人
高素娟
雲林縣北港鎮僑美國民小學
<三>集件證

◆老師幫我整理的證件集3

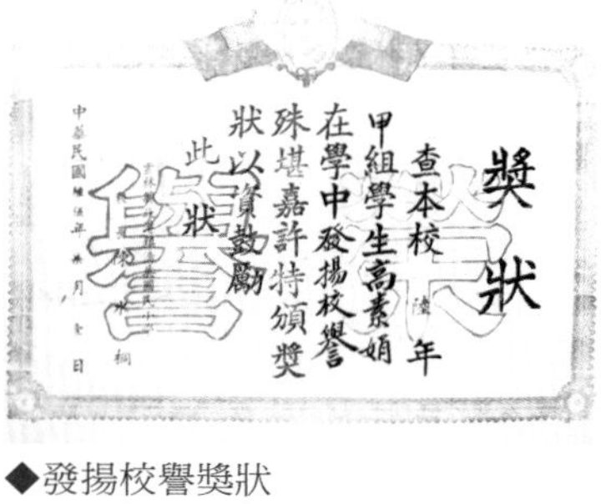
獎狀
查本校 年
甲組學生高素娟
在學中發揚校譽
殊堪嘉許特頒獎
狀以資鼓勵
此狀

◆發揚校譽獎狀

2002年　指導六年29班參加台北縣九十學年度雙和區師生網頁設計比賽榮獲國小班級網頁組特優（網站名稱：小鬥魚的故事）

2002年　指導學生參加「台北縣九十學年度暑假菸害防治活動」成績優異，榮獲作文比賽國小組優勝佳作

2002年　指導學生參加「台北縣九十學年度暑假菸害防治活動」成績優異，榮獲作文比賽國小組第一名

2003年　指導學生參加臺北縣九十二年度兩性平等教育廣播劇比賽榮獲國小組優良劇本獎

2003年　指導學生參加臺北縣九十二年度兩性平等教育廣播劇比賽榮獲團體優等獎

2004年　93學年度全校教師教學檔案觀摩獲頒優良獎

2005年　參加臺北縣九十三學年度「生命教育融入領域教學教案」投稿，榮獲全縣國小組特優

2005年　指導學生參加臺北縣九十四年度中小學生小論文寫作競賽榮獲國小組佳作

2006年　九十五學年度第一學期領域課程教學計畫撰寫，成績優良

2007年　榮膺永和市96年度推行體育有功人員，獲頒獎座

2009年　榮膺臺北縣98年度正向管教案例彙編國小班級經營組特優獎

社會大學時期（103.09……樂在學習）

獲獎及其他：

2014年　秀朗國小藝廊教師聯展

2015年　永和市民大學師生聯展

2016年　參加「圓夢中國海峽兩岸四地名家書畫交流展」獲評為金獎，作品被主辦單位永久收藏

2016年　參加中國夢海絲情書畫展，作品收錄湄洲媽祖書畫學院作品集

2016年　4月秀朗國小40週年校慶教師書畫聯展

2016年　參加海峽兩岸（台灣、保定）名家書畫交流展

2017年　參加翰墨情緣兩岸書畫聯展榮獲金獎

2018年　參加總統府南廣場舉行之戊戌年新春開筆揮毫，作品榮獲大專社會組入選獎

2018年　作品甄選榮獲參加丁酉年臺灣書法年展，於桃園市展演中心展出，在高雄市議會再次展出

2018年　參加2018亞太國際彩墨畫展，寫意花鳥作品榮獲全國社會組苗栗市長獎

2018年　參加2018亞太國際彩墨畫展，山水作品榮獲全國社會組亞太國際彩墨藝術聯盟評審委員會獎

2019年　應邀參加國父紀念館「風民俗 玩翰墨 寫春聯 過好年」迎春揮毫活動

2019年　參加總統府前舉行之己亥新春開筆揮毫活動，作品榮獲大專社會組入選獎

2019年　作品甄選榮獲參加戊戌年臺灣書法年展，於高雄文化中心展出

2019年　作品入選湄洲媽祖書畫院展覽館永久展覽收藏。

2019年　7月至2020年2月在永和戶政空間藝廊舉辦「高素娟芳華初現書畫個展」

2019年　參加南菁書法學會翰墨述懷書畫聯展在師大德群藝廊展出

2019年　參加2019亞太國際彩墨畫展，山水作品榮獲全國社會組彰化縣議長獎

2019年　參加2019亞太國際彩墨畫展，寫意花鳥作品榮獲全國社會組台東生活美學館館長獎。

2019年　參加書法教學研究會，審核通過為適任書法教師，取得書法教師證書
2019年　參加神州盃海峽兩岸書畫大賽活動榮獲「神州盃藝術貢獻獎」
2020年　應邀參加國父紀念館舉辦「墨戲春 鼠添燈 109年迎春揮毫活動」
2020年　參加己亥年臺灣書法年展甄選作品，於台南文化中心展出
2020年　參加臺灣國際文化藝術大聯盟首屆國際聯合大展於中正紀念堂3展廳展出
2020年　參加第十一屆孟庸書藝獎全國書法比賽榮獲社會組佳作
2020年　參加2020年躍動濁水溪亞洲盃年字年畫比賽全國榮獲大專社會組優選
2020年　參加第十八屆至聖盃全國書法比賽榮獲社會組優選獎
2020年　書法作品獲金獎入編湄洲媽祖書畫展組委會出版的永恆慧命
2020年　參加埔里鎮田園藝廊翰墨傳薪書畫聯展
2020年　參加第四十屆全國書法比賽榮獲一般類社會組入選、臨書類社會組佳作、創意類入選
2020年　參加第三屆石景宜博士盃華夏書畫創作大賽初選佳作入圍（決選因受新冠肺炎影響尚未公告）
2020年　參加第十五屆桃園全國春聯書法比賽創意春聯組初賽入圍（決賽因新冠肺炎疫情取消）
2020年　參加第四屆澳大利亞全國美術作品網路展
2021年　「庚子臺灣書法年展」免審查書家，於國立台南文化中心第二及第三藝廊展出
2021年　參加「2021華人新聞界藝術創作聯展暨兩岸名家邀請展」，於國立中正紀念堂第三展廳展出
2021年　參加財團法人望春風文化藝術基金會第一屆〈2021牛年〉望春風創意繪畫甄選比賽榮獲佳作
2021年　辛丑新春開筆大會揮毫作品榮獲銅獎
2021年　第七屆華嚴金獅獎散文類叄獎
2021年　第八屆雲藝盃全國春聯書法比賽榮獲社會組入選
2021年　第十二屆孟庸書藝獎國際交流書法比賽榮獲社會組佳作
2021年　第四十一屆全國書法比賽獲一般類社會組入選、創意類佳作、硬筆類社會組佳作、臨書類社會組甲等
2021年　嘎檔文化節第五屆海峽兩岸藝術名家邀請展
2021年　吳沙藝文季書法比賽獲成人組佳作
2021年　亞太國際墨彩藝術聯盟畫展邀請展
2022年　1月8日到1月23日於雲林縣政府北港文化中心展覽廳舉行「故鄉情・藝游夢」高素娟書畫展

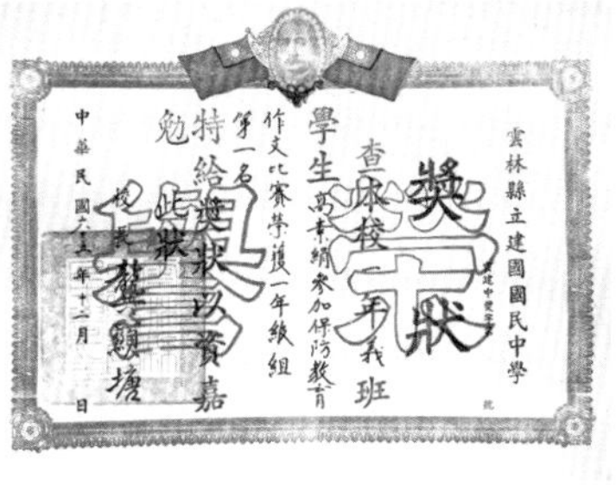
◆參加保防教育作文比賽獲一年級組第一名

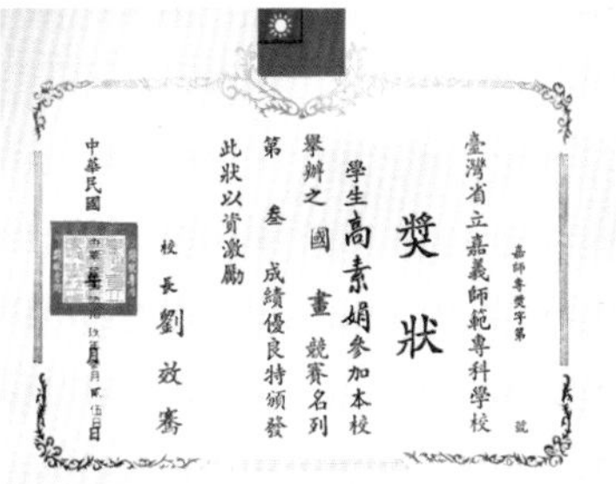
◆師專參加 國畫競賽第三名

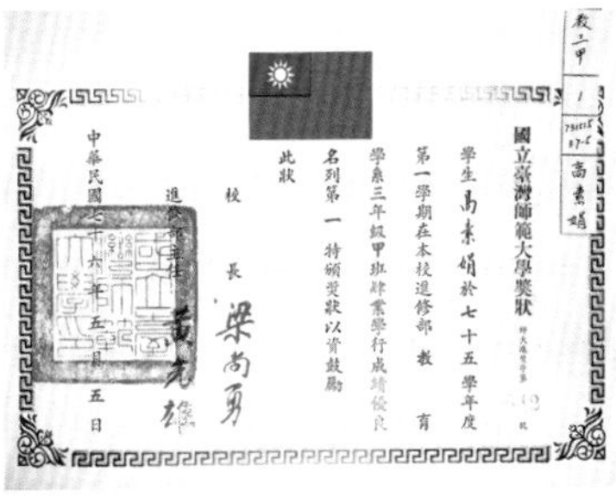
◆大三上學行成績第一名

◆91年度指導學生參加兩性平等教育廣播劇比賽獲國小組特優

◆第四屆澳大利亞全國美術作品網路展獎狀

◆108年獲適任書法教師證書

◆108年永和戶政事務所個展海報

簡歷・得獎紀錄 | Experience

國小獎狀

獎狀
北港僑美國小學生高素娟參加本館慶祝中華民國六十二年美術節中部五縣市水彩寫生比賽經評定成績列入第一名特給獎狀以資鼓勵
此狀
中華民國六十二年四月 日
◆中部五縣市寫生比賽第一名獎狀

六十二年美術節中部五縣市水彩寫生比賽
國小組
金牌獎
敬贈
中華民國六十二年三月二十五日
◆中部五縣市寫生比賽金牌獎

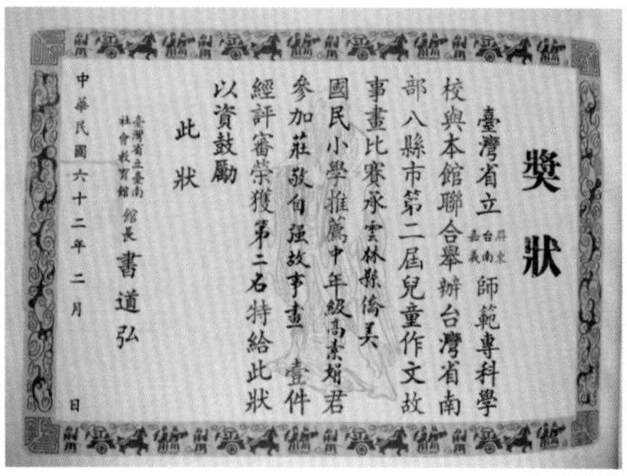
獎狀
臺灣省立台南師範專科學校與本館聯合舉辦台灣省南部八縣市第二屆兒童作文故事畫比賽承雲林縣僑美國民小學推薦中年級高素娟君參加莊敬自強故事畫壹件經評審榮獲第二名特給此狀以資鼓勵
此狀
館長 書道弘
中華民國六十二年二月 日
◆參加南部八縣市兒童故事畫比賽獲第二名

國語日報榮譽獎狀
本報讀者高素娟小朋友，是僑美國民小學六年級的學生，品學兼優，曾經本報好學生專欄介紹，特發給榮譽獎狀作為紀念。
社長 何容
◆國語日報好學生獎狀

高素娟
◆感謝級任顏昭武老師投稿國語日報好學生專欄

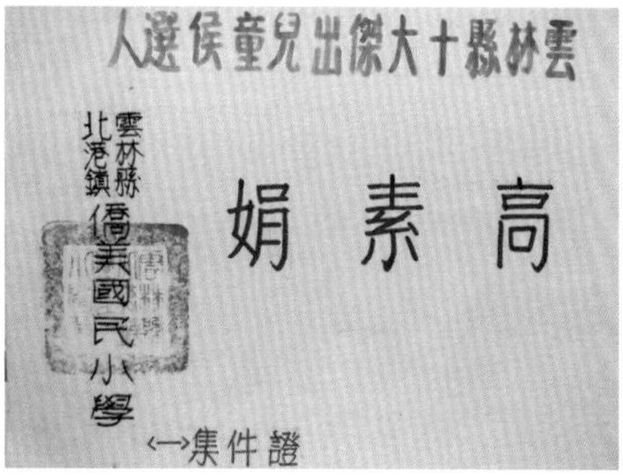
雲林縣十大傑出兒童候選人
高素娟
雲林縣北港鎮僑美國民小學
證件集(一)
◆老師幫我整理的證件集1

中華民國六十五年四月四日
校長 陳水桐
◆證件集三大冊總目錄

當選證書
高素娟同學參加本會舉辦六十五年度雲林縣十大模範兒童選拔經評審結果成績優異堪為全縣兒童模範特頒當選證書以資鼓勵
王燦良
中華民國六十五年五月十三日
◆當選雲林縣十大模範兒童證書

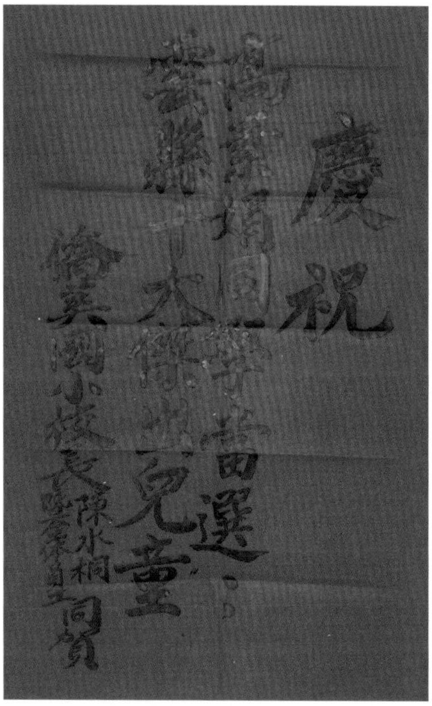
慶祝
當選
兒童
校長陳水桐
◆學校張貼雲林縣十大模範兒童紅榜

雲林縣
十大傑出
模範兒童高素娟
◆雲林縣十大模範兒童綵帶

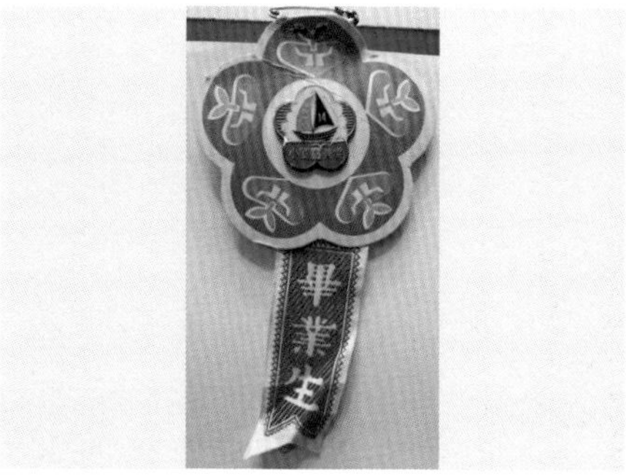
畢業生
◆第14屆僑美國小畢業生徽章

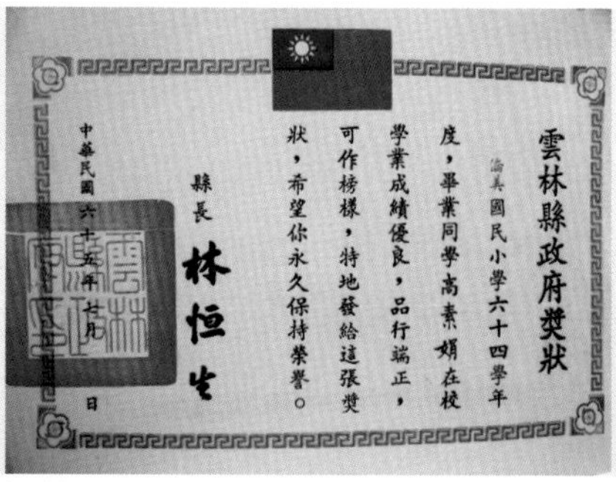
雲林縣政府獎狀
僑美國民小學六十四學年度，畢業同學高素娟在校學業成績優良，品行端正，可作楷模，特地發給這張獎狀，希望你永久保持榮譽。
縣長 林恒生
中華民國六十五年 月 日
◆畢業成績優良獎

國中獎狀

◆參加演講比賽獲一年級組第一名

◆參加推行保蔗教育演講比賽獲一年級組第二名

◆參加推行禮讓運動演講比賽獲三年級組第一名

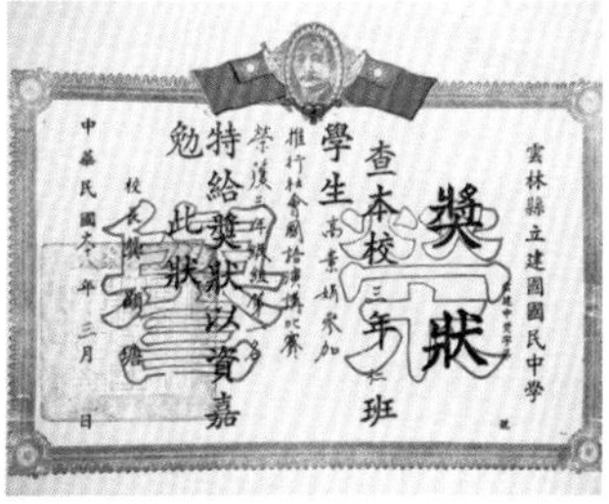

◆參加推行社會國語演講比賽獲三年級組第一名

◆參加作文比賽獲三年級組第二名

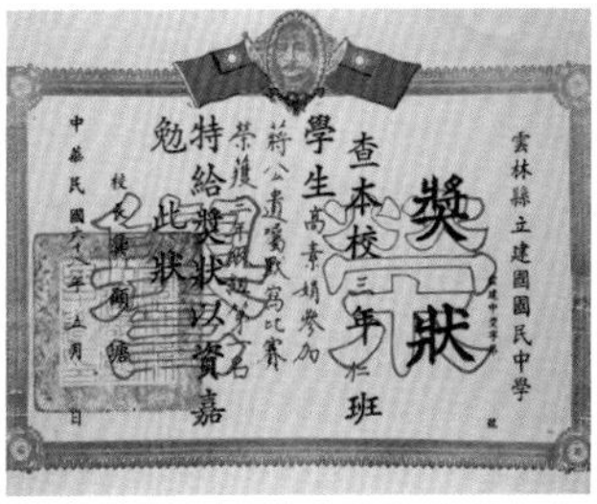

◆參加蔣公遺囑默寫比賽獲三年級組第一名

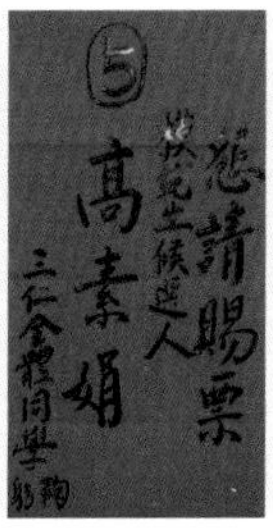

◆國三競選全校模範生紅榜

◆68年參加雲林縣政府模範生表揚

◆畢業成績優良獎

師專、大學獎狀

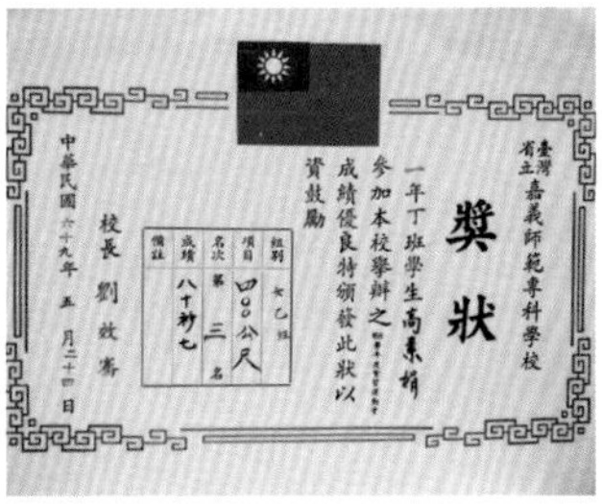

◆400公尺競賽第三名

◆西畫競賽佳作

◆西畫競賽佳作

◆西畫競賽第一名

◆作文競賽佳作

◆當選學校孝親楷模

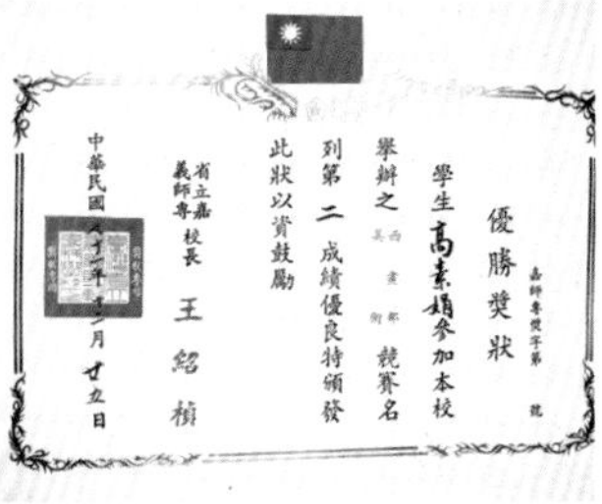

◆西畫美術競賽第二名

◆師專學業成績優良獎狀

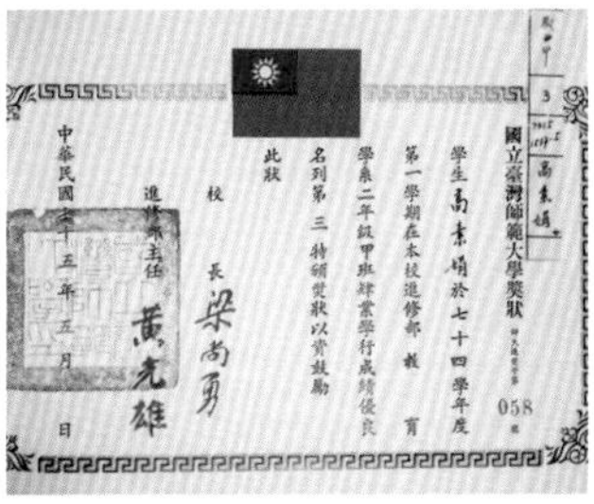

◆大二上學行成績第三名

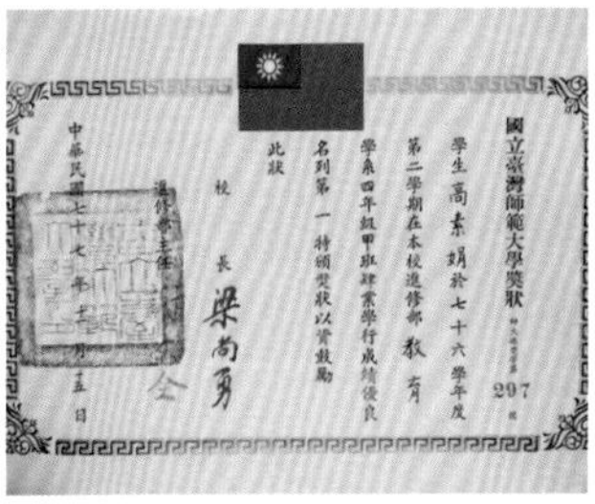

◆大四下學行成績第一名

任教時期獎狀

◆400公尺接力第一名獎牌

◆73年參加台北縣女教師作文比賽獲亞軍

◆88年代表永和市參加台北縣女教師400公尺接力比賽獲第一名

◆88年參加台北縣田徑錦標賽女教師組400公尺接力第一名獎牌

◆88年指導學生開放教育研究探索獲優等獎

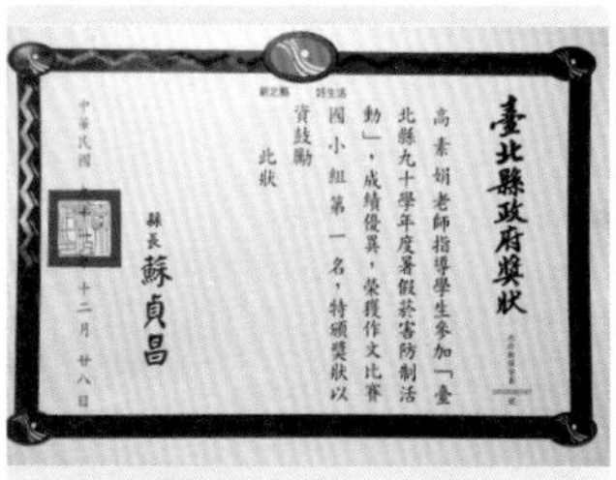

◆指導學生參加菸害防治作文比賽獲第一名

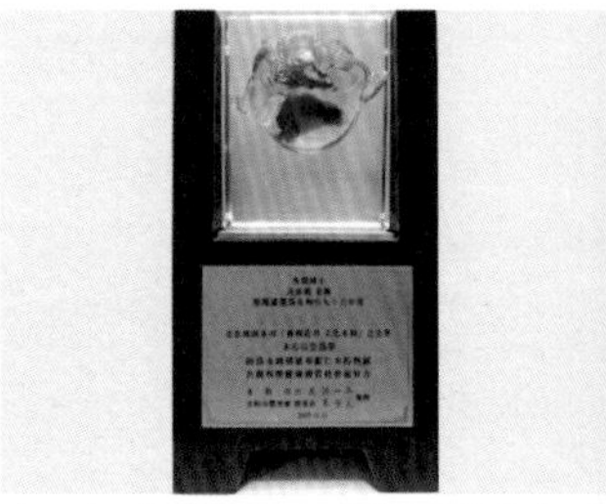

◆96年度獲選永和市推展體育有功人員

◆參加87年台北縣中小學師生桌球錦標賽獲女教師組第一名獎牌

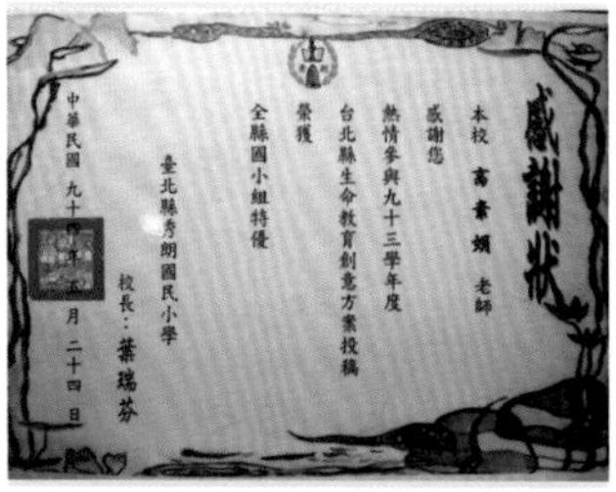

◆參加93學年度台北縣創意生命教育方案投稿榮獲全縣國小組特優獎

◆參加98學年度正向管教班級案例彙編獲國小班級經營組特優獎

◆參加台北縣90年度雙和區網頁設計比賽獲國小班級網頁組特優

◆參加田徑及桌球比賽的獎牌

◆86台北縣田徑比賽第二名

◆師生田徑賽第三名

◆師生田徑賽銅牌

◆指導學生參加94年度中小學生小論文寫作競賽，榮獲國小組佳作

◆指導班刊獲台北縣輔導刊物班級型甲等

◆接力比賽第二名獎牌

◆接力比賽銀牌

◆桌球比賽第一名獎牌

◆田徑比賽銀牌

104年後 獲獎獎狀

◆109年參加國父紀念館迎春揮毫感謝狀

◆2016年海峽兩岸書畫交流展獲獎證書

◆2018亞太水墨畫比賽獲苗栗市長獎

◆2019亞太國際墨彩藝術聯盟得獎獎狀

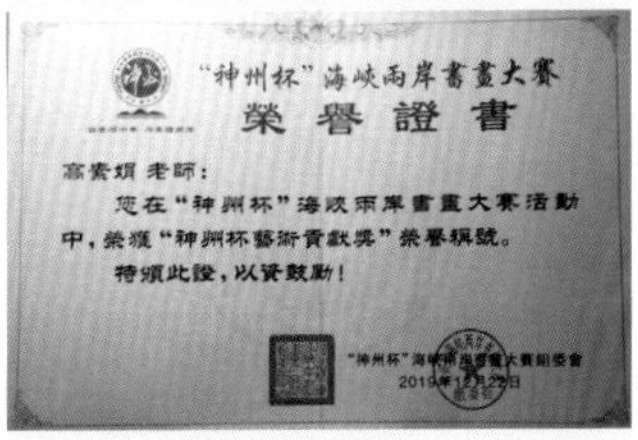

◆2019參加神州盃海峽兩岸書畫展

◆2020年亞洲杯年畫優選獎狀

◆2020年湄洲媽祖書畫展書法金獎

◆2021年華人新聞界藝術創作暨兩岸名家邀請聯展證書

◆己亥新春開筆大會揮毫獲社會組入選

◆戊戌新春開筆大會作品獲入選

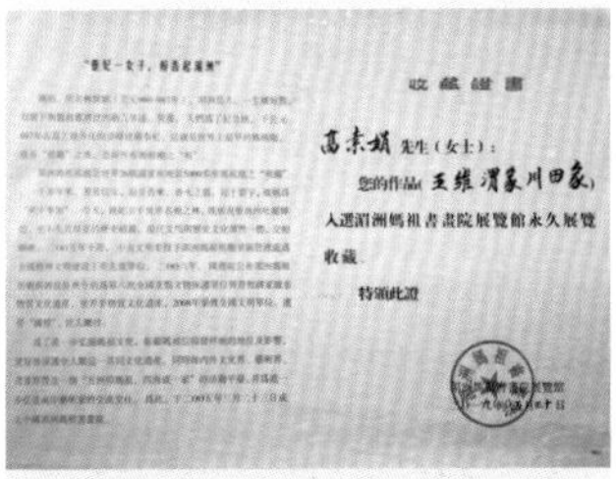

◆書法作品獲湄洲媽祖書畫院永久收藏展覽

◆第11屆孟雍書藝獎全國書法比賽佳作

◆第15屆桃園全國春聯書法比賽創意春聯作品入選決賽證書

◆第18屆至聖盃全國書法比賽優選獎

◆第40屆全國書法比賽創意類入選獎

◆第四十屆書法比賽臨書社會組佳作

◆2021/10/16第五屆嘎檔文化節在張榮發基金會現場揮毫

◆2021華嚴金獅獎第七屆散文類參獎獎座

◆2021年雲藝盃全國春聯書法比賽入選

◆2021華嚴金獅獎頒獎典禮

照片集

Photo gallery

照片集 | Photo gallery

①小學二年級遊藝會跳女娃娃
②小學五年級到南鯤鯓校外教學，後為級任顏昭武老師
③國中三年級全班與吳玉珠導師合影
④69.10.20全班參加朗詩比賽
⑤70.01.06全班參加舞蹈比賽合影
⑥70.11.01參訪高雄六龜山地育幼院與楊煦院長合影
⑦72年11月6日班際排球比賽

①73年4月林森國小實習美勞課觀摩教學
②全班參加合唱比賽
③專二當學藝股長時所製作的國慶壁報獲第二名
④梅羚班音樂發表會
⑤小鬥魚的回憶畢業紀念冊
⑥秀朗國小學校運動會開幕
⑦秀朗游泳班歡送會留影
⑧學生參加新式健身操比賽
⑨學生參加另類馬拉松越野接力賽得冠軍
⑩帶學生校外教學打漆彈活動

照片集 | Photo gallery

①己亥年新春開筆大會獲入選獎
②108年7月永和戶政個展開幕接受電視台訪問
③108永和戶政個展開幕立委林德福前來祝賀
④與蘇振明教授在得獎作品前合照
⑤108年2月全家一起去首爾江原道滑雪
⑥與陳美秀理事長合照
⑦參加總統府新春揮毫開筆活動
⑧與袁天明理事長合影
⑨參加第27屆書法教學研究會

①國父紀念館寫春聯活動
②寫春聯活動與小朋友合影
③漢字嘉年華與黃嘗銘老師合影
④參加109年新北市運動愛台灣觀摩表演嘉年華
⑤2021望春風創意牛繪畫得獎者與評審老師合影
⑥參加永和區公所新春揮毫與書法班李育萱老師合影
⑦小學美術老師潘茂昌老師送我他最新的畫作
⑧和山水班白宗仁老師合影，後為白老師的作品
⑨永和戶政個展開幕活動與寫意花鳥班梁林蓮老師合照

其他作品 | Other Works

◆溫暖的家

◆2020年亞洲杯年畫比賽優選作品

黃牛敏捷
水牛憨厚
性溫馴
乳牛溫和
又合群
人類忠貞
好朋友
任勞任怨
不懈怠
默默付出
貢獻多

◆2021望春風創意牛繪畫比賽佳作作品

◆稻穀曬好全家篩收稻穀的畫面

春聯集錦

◆快樂豬春聯

◆牛年吉祥如意春聯

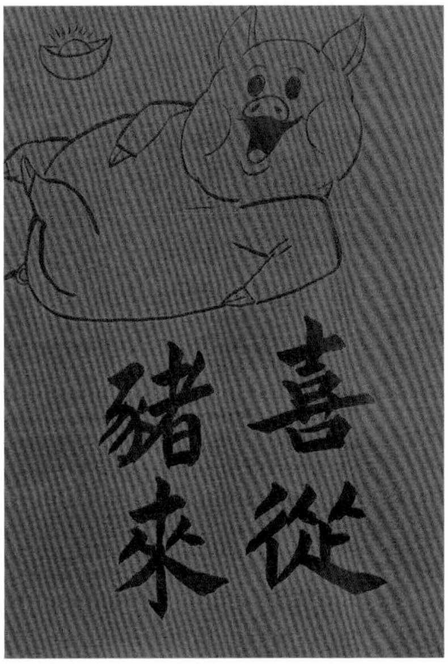

◆喜從豬來春聯

◆牛轉錢坤

◆牛運當頭

◆牛年好彩頭春聯

◆金鼠迎春

◆鼠來寶春聯

故鄉情 藝游夢

高素娟書畫展

國家圖書館出版品預行編目(CIP)資料

故鄉情 藝游夢：高素娟書畫展 / 高素娟總編輯.
-- 初版. -- 新北市：高素娟, 2022.01
112面 ；21x29.7公分
ISBN 978-957-43-8960-5(平裝)
1.書畫 2.作品集

941.5　　110008865

出版者	高素娟
地址	23453新北市永和區秀朗路二段186巷3號5樓
電話	0928-554-360
展覽單位	雲林縣政府北港文化中心
總編輯	高素娟
執行編輯	洪栢煌、高素娟
美術編輯	洪翊云、洪琪穎、洪侊增
承印	人藝印刷藝術國際股份有限公司
地址	新北市中和區中正路786-1號1樓
電話	886-2-3234-0558
發行日期	2022年1月
版次	初版
定價	NT$ 1,000